철학의 흔적들

철학의 흔적들

초판 발행일 2012년 11월 30일

지은이 박이문
펴낸이 유재현
출판감독 강주한
편집 박수희
마케팅 장만
디자인 몽돌
인쇄·제본 영신사
종이 한서지업사

펴낸곳 소나무
등록 1987년 12월 12일 제2-403호
주소 121-830 서울시 마포구 상암동 11-9 201호
전화 02-375-5784   **팩스** 02-375-5789
전자우편 sonamoopub@empas.com
전자집 http://cafe.naver.com/sonamoopub

ISBN 978-89-7139-578-3 93100

책값 15,000원

철학의 흔적들

'둥지의 철학'으로 세계 철학사 다시 읽기

박이문 지음

Ⅳ. 둥지철학의 세계관과 가치관

서문

나는 시인도 되고 철학자도 되고 싶었다. 시인으로서 아름다운 시를 쓰고 철학자로서 모든 것에 관한 깊은 진리를 알고 싶어서다. 나는 비교적 일찍 불문학 교수를 서울에서 시작한 지 11년 뒤인 1968년 보스턴에서 철학의 교편을 잡기 시작했다. 그렇지만 그때까지만 해도 문학이 무엇이며, 철학이란 학문이 무엇인지 분명치 않았다. 학문과 세상의 모든 문제들이 지적으로 헷갈리기만 했다. 기존의 어떤 이론들 가운데 내가 만족할 수 있는 것은 하나도 없었기 때문이다. 물론 내가 기존의 이론들을 모두 알고 있지 못하고 있었기 때문이기도 했을 것이다.

나는 1950년대부터 시와 문학의 기능, 그리고 세상의 모든 것을 총체적으로 일관성 있게 하나의 이론으로 설명하고 싶었다. 그래서 나는 나의 지적 문제를 풀 수 있는 아르키메데스의 이론적 지렛대를 갖고자 애썼다. 1974년 가을, 문학 계간지

『문학과 지성』에 「시와 과학」이라는 원고지 400매의 논문을 발표할 때까지만 해도 그러했다. 내가 이 논문을 쓸 수 있었던 것은 1970년 어느 날 갑자기 내가 찾던 그리고 아직 아무도 찾지 못했던 아르키메데스의 지렛대를 발견했다는 생각에 "유레카!"라고 혼자 속으로 소리 질렀기 때문이다. 그것은 다름 아니라 '존재 차원'과 '의미 차원'이라는 새로운 개념이었다.

즉 「시와 과학」이라는 논문은 바로 위와 같은 개념을 토대로, 삼라만상에 대한 시적 인식—표현과 과학적 인식—재현, 그것들이 서로 모순되는 것 같지만 상호보존적인 기능으로서 서로 양립할 수 있고, 그것들이 인간의 근원적 즉 존재론적인 욕망을 충족시키기 때문이라고 생각하게 되었기에 발표할 수 있었다.

'존재 차원'과 '의미 차원'이라는 개념은, 나의 철학관인 동시에 세계관으로서 2010년 2월 26일 출간한 저서 『둥지의 철학』에서 '존재—의미 매트릭스the onto-semantical matrix'라는 개념으로 변형되어 내 철학관과 세계관의 바탕으로 사용되었다.

그러나 내 철학적 사유의 키워드인 위의 개념은 워낙 낯선 것인 만큼 독자들이 나의 철학관과 세계관을 보다 잘 이해하기 위해서는 좀 더 친절한 설명이 요한다고 나는 믿는다.

이 책에서 나는 철학사의 큰 줄기를 따라, '존재-의미 매트릭스'라는 개념이 무엇을 뜻하는가를 독자들에게 보이려 했고, 이 책을 통해서 철학사를 새로운 각도에서 조명할 수 있지 않을까 기대한다. 이 책을 『둥지의 철학』의 간결한 해설서로 참고해 주기 바란다.

소나무출판사 강주한 출판감독의 격려와 수고에 감사한다.

2012년 11월 13일

박이문

I.

세계관을 철학적으로
뜯어보기

1. 세계관으로서의 예술·종교·철학·과학

학문으로서의 종교·철학·과학·
예술 간의 차이는 각각의 탐구 대상의 차이이다. 종교의 대상
이 영적 세계 즉 물질로 환원될 수 없고 감각적으로 접근할 수
없는 초월적 세계라면, 철학의 대상은 언어적 의미 즉 개념의
세계이다. 이와 달리 과학은 감각적 관찰 경험이 가능한 물질
적 세계를 대상으로 하며, 예술은 자연 현상만이 아니라 인간
의 내면적 경험 세계를 대상으로 한다. 그러나 이와 같은 통상
적 구별은 언제나 약간은 반드시 과학을 참조해야 하고, 종교
적 세계에 관한 자신의 견해를 함축한다. 그러나 모든 학문의
궁극적 탐구 대상이 우주의 삼라만상 즉 존재 전체이고, 그 목
적이 대상을 총괄적으로 일관성 있게 설명하는 데 있다는 점에

서, 나는 편의상 그것들을 다 같이 '세계관', 더 정확히 말해서 '철학적 세계관'이라는 범주 안에 묶고자 한다.

모든 세계관들은 삼라만상의 단순한 서술이나 그림, 즉 재현만이 아니라 인간의 도덕적 규범을 제시하거나 암시하려는 의도를 동시에 담고 있다. 예술·종교·철학 그리고 과학에 내재된 위의 두 가지 의도를 융합해서 편의상 세계관이라 부를 수 있다면, 모든 이들에게 나름대로의 세계관은 다음과 같은 이유에서 인간 생존의 필수적 기본 조건일 수밖에 없다.

2. 인간의 본성과 세계관의 필요성

인간은 어떤 경우에도 완전한 만족을 모르는 욕망으로 가득 찬 동물이다. 인간의 궁극적 꿈은 무조건적 생명의 연장이 아니라 객관적으로 가장 의미 있고, 주관적으로 만족할 수 있는 가치가 있는 삶 즉 '행복한' 삶이다. 인간의 모든 행동은 그러한 개인적·집단적 꿈을 실현하기 위한 직접적 혹은 간접적 양식이자 수단이다. 이런 차원에서 인간은 생물학적이거나 동물적인 존재론적 차원을 넘어, 지적이거나 기술적이기 이전에 도덕적이고 정신적인 내면의 세계를 가진 동물이다.

어떤 인간도 다른 생물체와 마찬가지로 자연적으로나 문화적으로 제약된 환경이라는 토양의 산물이요, 그 환경에의 적응과 도전의 교차 과정 속에서만 생존하고 번영할 수 있는 동물이다. 그런 만큼 인간이 자신의 삶에 우선적으로 필요한 것은 자신이 놓여 있는 환경적 여건에 대한 객관적이고 정확한 인식과, 또한 그것의 깊이와 폭, 정확성과 체계성을 갖춘 참된 인식이다. 오늘날 어느 인간 사회에서나 발견할 수 있는 예술·종교·과학·철학 등의 정신적 활동과 산물은 가장 포괄적이고 체계적인 자연적이고 문화적인 세계, 즉 인간을 포함한 우주 삼라만상에 대한 총괄적 인식 양식을 반영한 나름대로의 그림이다.

그렇다면 세계관은 인생이라는 자동차를 운전하는 데 없어서는 안 될 네비게이터다. 그런데 문제는, 시장에는 너무나 많은 네비게이터들이 서로 가장 정확하고 편이한 길잡이 노릇을 할 수 있다고 주장하면서 경쟁하고 있다는 데 있다.

세계관의 다양한 양식 가운데에서도 철학은 가장 정밀하면서도 분명하게 우주의 삼라만상을 원초적이면서도 근원적이고, 총체적이면서도 올바른 그림을 보여주고자 하며, 모든 인간이 그에 따라 올바른 삶을 살도록 하려는 지적·도덕적 교육의 계몽적 의도를 갖고 있는 대표적인 세계관임을 자처한다.

철학은 가장 대표적인 인식 양식, 즉 인간적 삶의 네비게이터이다. 바람직한 철학적 세계관은 필연적으로 언제나 특정한 개념들로 짜인 명제로 요약되어 진술되어야 하지만, 거기에는 반드시 주어진 구체적 상황에서 어떤 행동을 선택할 것인가에 관한 도덕적 삶의 지침을 보여주는 지도가 동반되어야 한다.

문제는 동일한 하나의 사실이나 현상 즉 우주의 삼라만상에 대한 철학적 명제들 대부분이 따져볼수록 그 의미가 시적일 수는 있지만 분명치 않고, 철학자마다 서로 흔히 상충된 세계관을 내놓으며, 수수께끼 같은 경우가 많아 냉철한 분석과 통찰을 요구하는 경우가 많다는 데 있다.

철학자들은 그들이 남긴 철학적 명제로 알려져 있다. 그렇다면 철학사를 대표하는 개념 체계나 종교적 교리는 각기 철학자 또는 종교 및 기타의 사상 체계를 대변하는 철학적 명제들, 궁극적으로는 그러한 명제의 핵심이 되는 개념의 정확한 의미를 검토함으로써 역사를 통해서 철학적 문제의 중심이 시대와 지역을 관통해서 어떻게 변했고 진화했는가를 통찰할 수 있을 것이다. 그러한 역사적 차이는 동서 문명과 남북의 문화적 차이를 설명하고 이해하는 데 도움이 될 것이다.

인류는 궁극적으로는 만물의 영장이며 경이로운 문명과 문화의 꽃을 피울 수 있었을 만큼 지적으로 영리하고 감성적으로 세련되게 진화해 왔다. 하지만 21세기 오늘날에도 서로 상충된 수많은 철학적 세계관들이 경쟁적으로 공존하며, 보다 바람직한 세계관을 계속 찾고 있다는 사실에 비추어 볼 때, 인류는 아직도 어리석은 침팬지로 남아 있음을 자각하게 된다. 세상을 알면 알수록 복잡해지는 오늘의 현실에서 우리는 가장 정밀하고 편이한 세계관, 즉 삶의 네비게이터를 선택할 필요가 있다. 그렇다면 어떤 종류의 세계관들이 있으며, 올바른 세계관은 어떻게 선택해야 하는가?

3. 세계관들 간의 갈등과 그 해결을 위한 언어 분석 방법

동서의 다양한 사고방식은 한결같이 역설적이고 모순되며, 문자 그대로의 뜻으로 이해하려면 전혀 의미가 통하지 않는 경우가 많다. 동서의 여러 철학적 명제나 이론들을 구성하고 주장하는 데 사용되는 개념·명제·주장들은 한편으로는 심오한 진리이며, 우리가 미처 알지 못했던 사실을 알려주는 것 같다. 하지만 다른 한편으로는 말이 되지 않는 넋두리, 정신 나간 헛소리, 말장난 아니면 신들린 무당의 '주문呪文'으로밖에는 다른 의미가 없는 것처럼 들릴 때도 있다. 위대하다는 철학가들의 사상 체계의 모순성이나 그런 주장들에 대한 무서운 매력과 동시에 거부감을 불러일으키는 모순된 사실을 어떻게 설명할 수 있는가?

이 물음에 대한 대답은 인식 주체의 의식 대상 일반으로서의 (a) '존재'라는 개념, 인식 주체로서의 (b) '의식'이라는 개념, 그리고 비가시적인 현상인 의식의 가시적 은유로서의 (c) '언어'라는 개념들 간의 '존재론적 연속성'과 '의미론적 단절성' 간에 존재하는 뫼비우스의 띠와 같이 얽힌 순환적 구조의 분석으로 해명해 낼 수 있다고 나는 생각한다.

존재·인식·언어는 언어학적으로는 각기 독립된 낱말들로 나름대로의 독자적 의미를 갖고 있지만, 실제로는 서로 뗄 수 없는 상호의존적·상호보완적으로만 존재한다. 무엇인가가 존재하지 않는 상태에서 인식이라는 개념은 성립할 수 없으며, 또한 인식이라는 행위가 없는 맥락에서 무엇인가의 존재를 말하는 것은 논리적으로 불가능하다.

인식과 언어의 관계도 마찬가지다. 인식은 한 의식 주체의 지적 활동을 지칭하며, 언어는 인식 주체의 지적 능력과 아무런 필연적인 관계없이 동물체의 인지 능력을 지칭한다. 그리고 언어는 사용자가 갖고 있는 어떤 정보를 다른 언어 사용자에게 전달하기 위해서 고안해 낸 정보 전달의 도구적 매체이다. 또한 그러한 매체가 도입되어 쓰이기 전에는 언어의 사용자가 어떤 정보를 소유하고 있는지는 물론 어떤 의식의 소유자인지조차도 인정할 수 없다. 그뿐이 아니다. 언어가 사용되기 이전에는 무엇인가에 대한 의식이나 생각조차도 있을 수 없다.

모든 동물들은 각 종의 구성원들 간에 의사를 소통한다. 이 때 사용되는 매체는 생물학적으로 타고난 동작들이고, 그때 사용되는 소통의 매체는 그 종에 속한 개별적 존재나 집단적 존재들 사이에서 보편성을 갖고 있다. 이런 점에서 그들의 소통과 그 매체는 자연 현상의 일부로서 어쩌면 물리적인 인과법칙으로 설명될 수 있다. 그러나 인간이 사용하는 의사소통을 위한 매체는 집단이나 지역마다 상이하고, 시대나 맥락마다 변한다. 이런 점에서 인간만의 의사소통과 그 매체는 자연적이 아니라 문화적이고, 애초부터 그냥 주어진 것이 아니라 인간이라는 종이 창조적으로 구성한 인위적 산물이다. 언어의 창조에 의해서 비로소 '문화적 존재'로서의 인간이 탄생했고, 인간의 탄생과 더불어 물리적 '빛'이 아닌 정신적 '빛'이 밝혀지고, 우주의 모든 것은 그 자체로서 무의미한 자연적 존재에서 의미를 띤 문화적 존재로 변용된다.

'존재'라는 말 자체가 의미를 갖는 이유는 그것이 그냥 물질을 지칭하는 하나의 기호가 아니라 '언어'이기 때문이다. 만약 야훼가 자연 현상의 조물주라면, 언어는 문화적 세계의 조물주임을 함축한다. 발생학적 차원에서 볼 때, '존재'·'의식'·'의미'·'언어'라는 개념들 간의 인과적이고 발생학적인 순위 관계는 '존재'·'의식'·'의미'·'언어'의 순서로 보는 것이 자명하지만, 논리적으로 즉 의미론적 관점에서 볼 때는 그 순위를 거꾸로 뒤집어 '언어'·'의미'·'의식'·'존재'라는 순위로 놓아야 한다. 그리고 이러한 주장을 개념들 각각의 의미 규정과 그 의미들 간의 관계에 관해서 다음과 같은 분석을 통해 조명해 보고자 한다.

물리학적으로 인간은 우주의 진화 과정에서 가장 최근에 생겨난 보잘것없는 생명체이다. 하지만 물리적 우주는 누군가의 의식, 지각에 의해서 '우주'로 인식되기 이전에는 그 존재의 객관성을 인정할 수 없다. 우주만이 아니라 신의 존재론적 객관성도 마찬가지다. 그렇다면 인간이라는 종의 출현, 그의 의식, 인지적 사유 활동은 우주의 탄생에 선행한다고 말할 수 있다. 인간의 진화적 출현은 모든 삼라만상의 시작이며, 인간의 소멸은 곧 우주의 죽음이고, 그 후 남는 것은 무한한 정적靜寂·평화·어둠·공空·무無이다. (이미 3세기 전에) 파스칼의 '생각하는 갈대'라는 개념이 인간의 위대성을 말해 주었듯이, 과학적으로는 우주폭발, 태양계, 지구의 형성이 인간의 진화에 전제되지만 인식론적으로는 인간이 신을 포함한 우주 모든 것의 원천이며 창조자이다.

1) 존재

'존재'라는 낱말은 영어의 being, 불어의 l'être, 독어의 das Sein이라는 낱말의 번역으로, 모든 경험과 사유, 담론에서는 암묵적으로나마 언제나 전제되어 있을 만큼 중요하다. 이는 모든 철학적 문제를 존재론ontology, 인식론epistemology, 가치론axiology이라는 세 가지로 분류하는 근대 서양의 전통적인 분류 방식에서 첫 번째에 놓여 있다는 사실로 알 수 있다.

'존재'는 '있음'을 뜻하며, 이때의 '있음'이라는 낱말은 대체로 명사名詞적으로 사용되어서 어떤 주체에 의해서 잠재적으로 인식 가능한 '본질'이나 '대상', 즉 어떤 '것'을 말한다. 이 경우 물리적이거나 관념적인 대상인 자연적 및 인공적 삼라만상, 제도적·수학적 및 속세적이거나 신학적 존재들, 지구·자연·우주를 지칭한다. 그리고 힌두교·기독교·불교 등의 어떤 종교를 믿는 이들에게는 천당·연옥·지옥 등도 이에 포함된다.

'존재'라는 개념을 위와 같이 규정할 때 철학으로서의 존재론은 인식 대상으로서의 삼라만상에 관한 학문이며, 자연과학을 포함한 모든 종류의 다른 학문과 다를 바가 없어진다. 그렇다면 다른 학문과 차별되는 심오한 학문인 철학의 핵심적 분야로서의 존재론ontology이라는 학문은 성립할 수 없다.

　그러나 '존재'는 실재하는 것이나 부재하는 무엇인가를 지칭하는 말이 아니라 객관적으로 '있음'을, 즉 실재성을 확인하는 논리적 낱말이기도 하다. 이러한 것은 문법적인 계사繫辭로서 "Here is a book"이라는 문장에서 'is'의 역할을 살펴보면 알 수 있다. 이 문장에서 'is'라는 낱말은 어떤 대상을 지칭하는 명사가 아니라 'book'이라는 명사가 지칭하는 대상이 '실제로 존재함'을 확인하는 논리적 기능을 하는 낱말에 불과하다.

　서양 철학에서는 가장 기본적인 분야를 존재론이라고 불러왔다. 존재론의 학문적 목적은 가변적인 삼라만상의 밑바닥에 변하지 않고 보편적으로 깔려 있는 형이상학적인 속성을 탐구하는 데 있다. 그런데 하이데거Martin Heidegger에 의하면 소크라테스 이래 지금까지의 철학이 만족스럽지 못하게 진행되어 온 것은, 존재론이 구체적인 존재들 즉 그 종류의 수가 무한에 가까운 삼라만상을 지칭하는 'x, y, z 등의 존재들', 가령 '물' · '불' · '사람' · '동물' 등등의 각 명사名詞들이 지칭하는 대상의 발견과 그 규정들을 학문으로서의 **국지적 존재**, 즉 **영역존재론**regional ontology과 보편적으로 그냥 '존재한다'라는 존재 일반의 개념, 즉 낱말의 뜻을 밝히려는 학문으로서의 **기초존재론**fundamental ontology이 구별됨을 깨닫지 못했다는 데 있다는 것이다. 두 가지 존재론은 그 내용에 있어서나 중요성에 있어서 근본적으로 다르다.

전자에 의하면 존재론은 우리가 지각하는 삼라만상 모두에 이미 부쳐져 있거나 앞으로 부칠 수 있는 이름의 의미 규정, 즉 정의定義의 작업이다. 이러한 뜻의 존재론은 이미 유통되고 있는 삼라만상을 여러 차원에서 과학적 관찰과 실험 혹은 논리적 언어 분석을 통해서 이루어질 수 있고 또 그렇게 해서만 가능하다. 이런 뜻의 존재론은 이미 한 언어 공동체에서 소통되고 있는 삼라만상의 명칭들의 재정의와 그러한 정의들의 체계적 정리에 불과한 작업이다.

그러나 후자, 즉 하이데거가 말하는 기초존재론은 이미 존재하는 삼라만상의 이름들의 재의, 즉 존재자의 의미der Sinn des Seinendes가 아니라, '존재한다' 혹은 '있다'라는 낱말이 사용되는 모든 낱말의 **가장 일반적이고 보편적 의미, 즉 존재의 의미**der Sinn des Sein이다.

하이데거는 철학이 지금부터라도 위와 같은 두 가지 종류의 존재론들 간의 구별을 못하고 '존재일반'의 문제를 망각해 온 피상적이고 부분적이며 개별적 존재의 잠에서 깨어나서, 존재 일반의 의미를 탐구하는 기초존재론에 들어가야 한다고 주장한다.

그렇다면 '존재', 더 정확히 말해서 '존재일반'이라는 낱말의 가장 근본적인 의미는, 즉 지칭 대상은 무엇인가? 그것은 '나타남/현현顯現/aletheia/presence'에 지나지 않는다고 하이데거는 말한다. 하이데거 이전의 존재론은 우주에 있는 경험 혹은 인식 대상으로서의 삼라만상의 발견과 규정을 시도하는 작업 즉 일종의 '과학'으로서의 '영역존재론'이었다면, 그것은 하이데거 이후로 '존재'라는 낱말의 가장 보편적·언어적인 뜻의 탐구 즉 언어철학으로 변모했다.

하이데거적 기초존재론에서 '존재'라는 낱말은 문법적으로 명사가 아니라 동사動詞로 기능하며, 그 낱말이 지칭하는 것은 '정체된 불변의 어떤 고정된 것'이 아니라 **역동적 활동** 그 자체, 즉 파르메니데스적이 아니라 헤라클레이토스적 '존재',

즉 '존재하지 않은 존재'라는 것이다.

이러한 하이데거의 대답은 두 가지 점에서 만족스럽지 못하다. 첫째, '존재'의 의미가 무엇이냐라는 물음은 이 낱말이 문법적으로 어떤 기능을 하는가에 대한 문법적·언어학적 물음이 아니라, 문법적으로 명사인 것이 분명한 '낱말'이 지칭하는 세계의 일부로서의 무수한 삼라만상들 가운데 어떤 대상/현상/사건을 지칭하는가에 대한 물음이다. 그렇다면 '존재의 의미'를 나타남, 즉 '현현'이라는 하이데거의 대답은 동문서답이다.

2) 의식

둘째, 위와 같은 존재론적 '존재' 개념의 해석에 대한 비판적 논평에 관련하여 하이데거는 그가 만들어 내는 영역존재론 regional ontology과 기초존재론fundamental ontology을 상기시키면서 전자의 경우와 후자의 경우의 '존재'의 의미가 서로 전혀 다르다는 점을 상기시킬 것이다. 그리고 그러한 차이를 인정할 때 비로소 자신의 '존재' 개념의 의미를 이해할 수 있다고 주장할 것이다.

영역존재론의 틀에서 '존재'라는 말은 개별적으로 본 개별적 삼라만상 우주의 일부를 지칭하는 데 반해서, 기초존재론의 맥락에서 '존재'라는 말은 우주 삼라만상 가운데서 특정한 단 하나의 현상이 아니라 모든 현상들을 단 한 개의 전체로 지칭하는 개념이다. 다시 말해서 전자의 경우 '존재'라는 말이 지칭하는 것이 우주의 부분인 데 반해서 후자의 경우 그것은 우주 전체를 지칭한다는 것이다.

이 두 경우 '존재한다'·'나타난다'·'현현'이라는 말은 논리적으로 전혀 다른 의미를 갖는다. '존재'라는 말은 전자의 경우 우주는 서로 구별할 수 있는 두 가지 이상, 적어도 인식 주체와 그 대상이라는 두 현상 즉 두 종류의 것들이 이미 전제되어 있음이 함축되어 있다. 반면 후자의 경우 그러한 두 가지 구별과 함축이 처음부터 논리적으로 배제되어 있다.

하이데거의 말대로 기초존재론의 틀에서 '존재'라는 낱말의 의미가 '나타남'·'현현'이라는 말은 "우주의 본질은 그냥 우주 자체이다" 혹은 "전부는 부분이 아니고 그냥 무엇이라고 말로 표현할 수 없는 전부이다"라는 동어반복적 무의미한 명제들이거나, "말이 되지 않는, 말할 수 없는 말"에 불과하다. '나타남'·'현현'은 필연적으로 어떤 인식 주체, 그런 주체의 의식 활동을 전제하지 않고는 전혀 의미를 지닐 수 없다. 따라서 우주 전체를 '나타남' · '현현' 즉 '의식' 혹은 '인식됨' 혹은 '발견됨'이라고는 규정할 수 없다.

상식적으로 생각해 보자. 하이데거의 기초존재론 관점, 즉 우주 전체의 관점에서 볼 때, "'존재'라는 말의 근원적 의미는 나타남을 뜻한다"라는 하이데거의 주장은 전혀 말이 되지 않는 명제인 것 같아 보인다. 우리가 보고 믿고 있는 세계, 즉 발견한다고 믿고 있는 삼라만상은 이미 처음부터 그리고 영원히 그렇게 있는 것이 아니라 인식적 주체로서의 인간이 의도적으로 어떤 필요에 따라 자신이 만든 문화적 제품이기 때문이다.

인식은 발견이 아니라 제작이고, 인식 주체로서의 인간의 의식은 이미 존재하는 우주 · 세계 · 삼라만상을 수동적으로 반영하는 거울이 감각적으로 주어진 삼라만상을 차별적으로 재구성하는 활동으로서 제조 작업이라는 사실을 말해 준다. 하이데거가 말하는 '나타남' 즉 '현현'은 인간의 언어적 개입에 의해서 비로소 그 형태를 갖는다는 사실을 알리고자 하는 언명이기 때문이다. 그런데 여기서 중요한 점은, 엄밀한 의미에서는 언어 이전의 모든 인식은 물론 의식조차도 존재하지 않는다는 사실을 깨닫는다면, '존재'의 궁극적 의미 그리고 하이데거의 '나타남' · '현현'이라는 낱말의 보다 정확한 이해를 위해서는 언어에 관한 몇 가지 철학적 성찰을 요청한다는 것이다.

3) 의미/언어

'의식'이라는 말은 생물체를 무생물과 구별할 수 있는 가장 보편적 잣대로 사용할 수 있는 모든 생물체의 속성을 지칭한다. 의식은 직접 관찰의 대상이 될 수 없지만 어떤 대상의 행태/동작에 비추어 논리적으로 유추된다. 무생물 즉 물질의 변화현상이 기계적으로 설명할 수 있는 인과적 법칙에 비추어 설명될 수 있는 데 반해서 모든 생명체의 동작은 기계적인 인과법칙의 한계를 넘어서 그 행동 주체의 의도와 목적에 의해서 일종의 자율적 결단에 의해서만 이해할 수 있어 보인다. 이때 근원적인 목적과 그 가치는 생존의 연장·번식·번영에 있다.

이런 인식은 몇 억 년 전 원초적 생명체로 태어났던 인류가 생명공학을 통해서 인공적 생명체의 제작 가능성의 문턱에까지 진화한 오늘날까지도 완전히 사라지지 않고 우리들 의식의 어느 한 구석에 여러 형태로 물활론적 세계관의 형태로 남아 있다. 하지만 오늘날 대부분의 사람들은 박테리아는 물론 강아지의 의식이나 영혼을 인정하지 않는다. 생명이나 영혼의 증거로서의 의식은 오로지 인류만의 독점물, 즉 한 생명체가 그냥 동물의 범주에 속하는가 아니면 인류의 범주에 속하는가를 결정짓는 속성, 인류를 그 밖의 동물들과는 구별되는 유일한 영장류라는 유일하고 보편적인 증거로 인식하게 되었다.

그러나 인간의 의식과 영혼이라는 비물질적인 속성이 인간의 육체적·생물학적·물질적 속성과 근본적으로 다른가? 만일 다르다면 어떻게 규정할 수 있는가? 이러한 문제는 인지과학이 발달한 오늘날에도 아직 확실한 대답이 나오지 않고 있다. 육체가 없는 인간을 생각할 수 없듯이 육체와 완전히 구별할 수 있는 영혼이나 사유는 물론 최소한 의식이라는 낱말의 구체적 의미마저도 결정할 수 없게 되었다. 그렇다면 기존의 사유를 역전시켜, 의식·인식·사유·영혼 등등을 지칭한다고 전하는 속성들은 장차 적어도 논리적으로는 어쩌면, 육체·신경·뇌세포 등의 물질 형태로 환원될 개연성은 열려 있다. 많은 과학자나 철학자들이 이런 유물론적 생각을 하고 있는 것으로 나는 짐작한다.

그러나 아메바나 식물이나 벌레들은 말할 것도 없고 개나 침팬지의 감각적, 의식 능력과 정상적 인간의 의식과의 차이는 너무나 크다. 인간과 기타 동물의 의식 수준의 차이는 인간만이 언어 사용 능력이라는 후천적 능력을 갖고 있다는 사실에서 찾을 수 있다. 언어를 의사소통의 수단으로 규정할 때, 다른 모든 동물들도 최소한의 의사소통 수단 즉 언어를 갖고 있는 것은 틀림없다. 그러나 그들이 사용하는 의사소통의 매체는 가변적인 그리고 어떤 약속에 의해 의도적으로 고안된 것이 아니라, 이미 생물학적으로 결정된 생물학적 활동의 한 면에 불과하다고 생각한다.

이러한 사실은 그들이 사용하는 의사소통의 매체는 생물학적 즉 자연의 일부에 속함을 말해 준다. 이와는 달리 인간의 언어는 역사와 장소에 따라 무한히 다양하며, 또한 시간적·공간적·자연적·문화적 차이에 따라 인간은 서로 상이한 소통 체계를 줄곧 새롭게 만들어 왔고 수많은 소통 시스템이 조직되었으며, 새로운 가상적 시스템을 만들어 그에 따라 왔다.

인간이 발명하고 사용한 소통 시스템 즉 언어야말로 인간이 동물적 존재에 멈추어 있지 않고 문화적 존재로 변신하게 한, 근본적으로 자연적 질서와 다른 문화적 질서를 만들어 낸 유일한 동물임을 입증한다.

이러한 사실을 뒤집어 생각해 보면 인간을 동물과 구별할 수 있는 것은 생물학적 속성으로서의 의식이 아니라 문화적 즉 인위적 현상으로서의 언어 사용 능력이 아닌가 싶다. 다시 말해서 언어가 개입되기 이전의 의식은 인과적으로 설명할 수 있는 현상인 데 반해서 언어가 개입됨으로써 명실공히 스스로를 의식하고 언제나 반성적 의식으로 발전하여 '사유'의 기능을 하게 된 것으로 봐야 한다.

언어는 인간의 생물학적 즉 물리적 속성인 의식을 의미적 즉 관념적 인식 현상으로 승화하는 매체이며, 자연적 동물로서의 인간과 문화적 동물로서의 인간을 구별해 주는 리트머스 종이에 비유할 수 있다. 언어의 개입을 통해서 의식은 사유로 변하고, 사유하는 인간은 세계를 인식하고 바꾸어 가는 창조적이고 역동적인 문화적 호모사피엔스로 진화되었으며, 계속 진화하는 과정에 놓여 있다.

"언어는 존재의 집이다Die Sprache ist das Haus des Seins"라는 하이데거의 유명한 말은 위와 같은 인간과 의식, 의식과 사유, 사유와 인간 간의 뗄 수 없는 관계의 정곡을 찌르는 은유적 표현이었다. 언어 밖에서 인간은 또 하나의 동물, 또 한 가지 모양의 자연적·물질적 존재이다. 생물학적 의식은 언어의 개입과 더불어 그 대상으로서의 자연을 인과적 즉 기계적으로 반영하는 거울임을 멈추고 그것을 물렁물렁하고 끈끈한 점토로 변화시켜 그것으로부터 문화적·예술적 작품, 즉 의미 있는 고유한 모습의 존재로 창조해 내는 유연한 도공이나 조각가의 손으로 변한다.

이런 점에서 인식은 발견이 아니라 인간의 언어적 제품이며, 인간의 의식과 사유가 닿는 세계·우주·존재는 인간의 언어적 창조적 제품이며, 언어 이전에 존재하는 무엇을 언어가 재현하는 것이 아니라, 데리다Jacques Derrida의 주장대로 "사물 자체가 기호이다La chose même est un signe"라는 충격적인 사실을 우리는 비로소 깨닫게 된다.

인간은 세계와 함께 다 같이 언어로서 언어 속에서만 존재하며, 그러기에 인간의 세계는 곧 의미의 세계이다. 언어로 표현되기 이전의 '존재'라는 말은 말없는 사물/실재, 즉 무/없음에 지나지 않는다. 반대로 존재가 언어로 표현되는 순간 그것은 이미 사물/실재reality 즉 언어 이전의 존재적/사물적ontological인 것이 아니라, 언어적인 인식적 의미semantic/linguistic/epistemological로만 남는다.

인식과 인식 대상과의 관계, 인간과 세계와의 관계, 언어와 그 대상과의 관계, 존재와 그 의미와의 관계는 기계적·인과적이 아니다. 또한 유기적·역동적·논리적·산문적이 아니라 시적·주술적이다. 그러한 관계가 창발創發하는 언어적 의미는 개념적이 아니라 신체적이다. 따라서 하이데거가 이런 관계의 중심에서 존재하는 주체를 가리켜 "인간은 시적으로 거주한다 Dichterisch wohnet der Mensch"라고 한 말은 세계-자연과 인간 간의 근원적인 관계가 물리학에 말하는 인과법칙, 즉 논리적 혹 과학적 설명의 차원을 넘는 것이라는 사실에 대해 정곡을 찌른 통찰이다.

좀 뒤에 '존재-의미 매트릭스the onto-semantic matrix'란 개념을 자세히 설명하겠지만, 한편으로는 '존재론적 차원the ontological dimension과 의미론적 차원the semantic dimension 사이에 미학적 차원the aesthetic dimension의 개념을 삽입하고, 다른 한편으로는 '종교적 세계관'과 '과학적 세계관' 사이에 '시적 세계관'을 삽입할 수 있다.

존재는 '존재'라는 낱말에 지나지 않으며, 우주 혹은 세계는 우주관 또는 세계관이며, '세계관'이라는 낱말의 산물에 지나지 않는다. 이런 점에서 "이름은 만물의 모체有名萬物之母"라는 노자『도덕경道德經』제1장의 명제나, "태초에 말씀이 있었다"라는『성서』의 말이나, "언어는 존재의 집이다"라는 하이데거의 주장은 다 같이 맞는 말이다.

4. '존재-의미 매트릭스the onto-semantical matrix'

나는 자연과 인간의 관계의 고유한 구조를 '존재-의미 매트릭스'라고 이름을 붙이고, 지금까지 존재하고 앞으로 존재할 수 있는 다양한 세계관 즉 인간에 의한 자연적 및 문화적 우주에 관한 커다란 그림 지도들의 분류와 비판적 논평이 가능하다고 믿는다.

'존재-의미 매트릭스'는 자연과 인간 간의 필연적 관계를 나타내는 일종의 X-Ray 촬영기 또는 MRI 정밀 내시경에 비유할 수 있다. 사물과 사물 간의 존재론적 즉 자연 현상적 차원에서 단 한 가지 인과적으로만 설명할 수 있지만, 사실 인간과 그 이외의 모든 사물 현상들과의 관계는 존재론적인 동시에 의미론적이라는 이중적 즉 양면적 구조를 갖고 있으며, 그것들 간의 관계는 상호의존적인 동시에 순환적이다. 전자의 경우 모든 관계는 물질과 물질의 인과적 즉 기계적이며, 후자의 경우 모든 관계는 전자의 경우와 마찬가지로 한편으로는 물질과 물질의 인과적 관계를 떠날 수 없는 **동시에**, 물질과 의식, 물질과 비물질 즉 정신과의 의미론적 관계를 벗어날 수 없다.

전자의 차원에서 물질과 물질의 만남은 제3의 새로운 물질적 **현상/존재**를 유발하고, 후자의 차원에서 물질과 정신의 만남은 비가시적 정신/의미 즉 **현상학적 경험**이 발현된다. 사물과 인간 간의 관계만이 이러한 까닭은 한편으로는 종교적·초월적·형이상학적으로 설명하고, 다른 한편으로는 과학적·물리적·진화론적으로 설명할 수 있는 것은 존재론적 범주의 관점에서 인류라는 동물은 물리학적·생물학적 존재인 **동시에** 의식적·정신적·언어적 동물이기 때문이다.

그 이유는 메를로-퐁티Maurice Merleau-Ponty의 말을 빌려 다시 설명하자면, 인간의 신체le corps는 그냥 물질로 환원될 수 있는 육체가 아니라 '살아 있는 몸'이며, 그와 동시에 인간의 정신은 몸이 없는 영적 존재 즉 유령이 아니라 살아 있는 육체이기 때문이다. 물질성과 정신성의 양면을 가진 인간은, 생물학적으로 숨이 끊어졌을 때는 인식 대상으로만 존재하는 물질로 환원되지만, 의식과 정신이 살아 있는 한 그는 결코 물질은 물론 다른 동물과 동일시될 수 없고, 인식 주체로서 물질적·동물학적 차원을 훌쩍 초월한다. 존재론적 차원과 의미론적 차원, 두 차원 사이에는 논리적으로는 무한한 수의 경계선적 스펙트럼을 상상할 수 있다.

하지만 아주 단순화시켜서 앞서 언급한 대로, 사르트르Jean-Paul Sartre의 절대적 이원론적 존재론과 극명하게 대치되는 메를로-퐁티의 '살la chair'의 존재론에 근거해서 자연과 인간 간의 관계는 이분법적으로 존재론적 차원과 의미론적 차원의 두 가지로만 구별할 수 있는 것이 아니다. 그 중간에 미학적·시적 차원aesthetico-poetic dimension이라고 부를 수 있는 제3의 차원을 삽입할 수도 있다는 것을 인정할 때, 인간과 자연 간의 복잡한 관계를 설명하기 위해서 만들어 낸 존재-의미론의 매트릭스를 그 제3의 차원으로 삽입할 수도 있다. 그리고 이 차원은 세계관으로서의 예술 작품의 기능을 종교, 철학 그리고 과학의 각 기능과 똑같은 지평선상에 배치하여 비교하면 그것들 간에 존재하는 독특한 의미를 보다 정확히 이해하는 데 도움이 될 것이다.

인간과 그 인식 대상 간의 이중적, 아니 무한수의 다중적·다 차원적 관계는 사람에 따라, 한 개인의 생물학적 조건에 따라, 각 개인의 교육적 심리적 조건의 변화에 따라, 또한 평생, 한 연령대, 하루의 시간대에 따라 그 스펙트럼은 무한히 다양하게 세분될 수 있으며 그만큼 더 가변적이다. 이 가변성은 한 인간이 갖고 있는 그때그때의 의식의 농도, 정신력의 투명성에 따라 무한한 신축성을 갖는다.

존재-의미론적 매트릭스는 인간과 자연과의 관계에 있어서 나타난 위와 같은 사실을 수치로 0도 혹은 절대 무차별無差別에서 수치로 1도 혹은 절대 유차별有差別 사이에 존재하는 무한 수치의 다양한 층위 즉 스펙트럼상의 차이를 거의 시각적으로 보여주고 그 의미를 설명해 주는 개념적 틀이다. 그리고 '존재-의미 매트릭스'는 기존과 미래의 모든 세계관은 물론 전통적으로 종교, 철학, 그리고 과학의 중요한 주장과 논쟁을 새로운 시각에서 이해하고 평가하는 잣대가 될 것이다.

존재-의미 매트릭스의 위와 같은 잣대의 눈금에 비추어 한 인간과 대상과의 관계의 구체적 내용은 최하 가치 눈금 0도에서 최고치 눈금 1도로 기술할 수 있는데, 그 잣대의 눈금은 여러 차원과 맥락에서 읽을 수 있다.

한 인간의 일생을 놓고 볼 때, 최하위 눈금 0은 인간의 생물학적 죽음과 다름없는 무의식 상태, 즉 막 태어났을 때와 임종할 때의 상태를 보여준다. 그 반대로 최고치 눈금 1도는 가장 높은 수준의 교육을 받고 지적으로 가장 왕성한 활동을 하는 인간의 절정기인 장년기의 정신 상태, 즉 신이 항상 유지하고 있는 것으로 짐작되는 가장 맑고 투명하고 포괄적인 지적 상태를 나타낸다.

그것은 또한 한 인간의 하루 24시간 동안의 가변적 지적, 즉 정신적 상태를 나타내는 지표로도 읽을 수 있다. 최하의 수치 0도는 잠을 깬 순간의 정신 상태 즉 깨어났으나 아직도 몽롱한 상태를 지칭하며, 하루가 지나 깊은 잠에 들어가 다시 최하의 수치 0도에 돌아가기 이전 어느 시간대에서 정신적으로 최고의 수치 1도 혹은 그 수치에 가깝게 표시할 수 있는 투명한 정신 상태를 유지할 수 있다.

정신의 밀도 및 투명성의 스펙트럼을 표시하는 존재-의미 매트릭스의 0도에서 1도의 수치들과의 관계는 순환적이다. 0도 수치와 1도 수치는 각각 인간의 존재/물질 차원과 의미/언어 차원의 양극을 나타낸다. 인간은 한편으로 육체적 존재로서 존재론적·물질적 대상으로서 삼라만상과 인과적으로 연속적이어서 완전히 구별할 수 없으며, 다른 한편으로 정신적 존재로서 언어적·개념적으로서 삼라만상과 완전히 차별된다. 인간은 한편으로는 인식 대상으로서의 존재 차원·자연성과 다른 한편으로는 인간의 의미 차원·정신성·언어성이라는 두 대립적 항項들은 인간의 살아 있는 육체에서 유기적으로 융합하여 '실질적으로in reality' 떼어 놓을 수 없는 '단 하나'의 관계가 된다.

의미론적 차원에서 볼 때 우주는 그것이 언어적 개념에 의해서 구성된 무한한 종류의 물체와 현상들로 구별하여 분석되는 다원적 세계이다. 반면 존재론 차원에서 볼 때 우주는 존재/의미, 객체/주체, 자연/인간, 몸/마음, 물질/정신, 언어/개념 등등 어떠한 경우에도 절대적 구별이 불가능한 단 하나의 영속적인 하나의 덩어리로 즉 일원론적으로 존재한다. 이러한 세계관을 우리는 멀리는 힌두교-불교에서 말하는 '공空' 혹은 노장이 말하는 '무無' 혹은 '도道' 혹은 '자연自然' 등의 개념으로 표시되는 세계관에서 발견한다.

이는 힌두교와 선불교가 강조하고, 노자와 장자가 역설하고, 가까이는 어떤 언어로도 표현할 수 없는 존재·실체의 존재 즉 인식의 절대적 한계를 주장하는 비트겐슈타인Ludwig Wittgenstein의 언어철학관과도 만난다. 이때 우주는 첨단 천문학이 영상으로 보여주고 설명해 주는 방대하고도 방대한 우주 속에서 벌어지는 불타는 우주의 굉음轟音과 혼돈 속에서도 절대 정적과 어둠 속에서 모든 언어적 서술, 모든 개념적 평가적 서술을 초월한 절대적 무관심 속에서 절대적 고요에 빠진다.

인간의 일생과 하루 동안의 삶은 순환적으로 반복되는 존재-의미 매트릭스의 양극의 눈금 0도와 1도라는 두 수치 사이에 끼여 있고, 그 수치에 의해서 차별화되어 평가될 수 있다.

인간의 삶을 하루를 단위로 하든 혹은 일생을 단위로 하든, 존재-의미 매트릭스라는 밑바닥 수치 0도의 지점에서 정점의 수치 1도 사이에서 영원히 밑으로 굴러 내리는 무거운 바위를 다시 어깨에 메고 산정山頂으로 올라갔다가 내려놓자마자 그곳에서 다시 굴러 산 밑바닥으로 떨어지는 바위의 뒤를 쫓아 밑으로 내려와 그 바위를 다시금 어깨에 메고 산정으로 올라가기를 끝없이 반복해야 하는 운명을 타고났다는 점에서 인간은 부조리의 실존주의적 작가 카뮈Albert Camus가 우리에게 그려 보여준 그리스 신화의 인물 시지푸스와 똑같은 존재다.

영겁에 가까운 147억 년 전의 우주 탄생부터 시작된 우주의 혼란스러운 드라마에 비하면 원초적 인간이 지구에서 진화한 350만 년 전은 찰나에 지나지 않는다. 그런 긴 과거에 비하면,

인간이 자유로운 사유를 시작하고 원초적이나마 자신들이 보고 느낀 세상의 그림을 그리고 그 의미를 기록하기 시작하여 문명을 탄생시킨 것은 길어야 10만 년밖에 되지 않는다. 또한 문자를 발명하여 인류가 그들의 세계와 인생, 고통과 기쁨, 삶과 죽음에 대한 종합적 생각 즉 세계관의 기록을 남기기 시작한 것은 길어야 1만 년이 채 되지 않는다. 그리고 인류의 위와 같은 관심과 작업은 21세기 현재 인류가 구축한 경이로운 문명이 가속적으로 발달함으로써 계속되고 있다.

인류가 아득한 과거에 호모사피엔스로 진화하면서 문명과 문화를 구축하기 시작한 이래 모든 인간은 줄곧 나름대로 세계와 자신 그리고 그것들 간의 관계에 대한 인식 양식으로서의 세계관을 갖고 살아왔고 앞으로도 어떤 형태의 세계관을 갖고 살아갈 것이다. 그것들의 수준은 아메바 수준에서 애벌레 수준으로, 강아지 수준에서 침팬지 수준으로, 침팬지 수준에서 노자나 소크라테스 수준으로, 서양 사상사의 맥락에서 보면 플라톤이나 데카르트 수준에서 칸트나 헤겔 수준으로, 니체나 메를로-퐁티 수준에서 비트겐슈타인이나 데리다의 수준으로 정교하게 향상되어 왔다.

동양 사상사의 콘텍스트에서 볼 때 힌두교의 경전 『우파니샤드』를 쓴 사상가들에서 붓다 석가모니·공자·장자·맹자·퇴계 등으로 진화 혹은 변화해 왔다고 볼 수 있으며, 따라서 그 종류는 엄격히 말해서 지금까지 살아왔던 인간의 숫자만큼이나 다양하다고 봐야 한다.

이러한 사실은, 모든 세계관과 모든 인식은 동일한 존재-의미 매트릭스에 비추어, 동일한 잣대에 의해서 해석되고 그것의 인식론적 자리와 위상을 결정할 수 있으며, 이런 결정에 비추어 그것의 의미와 가치를 평가할 수 있음을 보여준다. 이런 점에서 존재-의미 매트릭스는 한 인식 주체로서의 인간과 그의 인식 대상, 더 일반적으로 말해서 자연과의 인식론적 거리를 측정하는 보편적 잣대의 기능을 한다.

성인으로 산다는 것은 매 순간 때로는 어렵고 때로는 기계적으로 어떤 가치를 선택하며 살아야 함을 의미하고, 모든 선택에는 각기 나름대로의 세계관이 전제되어 있다. 수없이 다양한 세계관들이 존재하는 만큼 가장 바람직한 삶을 위해서는 우선 가능하면 많은 수의 세계관들의 내용을 알고 그것들의 각기 가치를 상대적으로 평가할 필요가 있다.

문제는 우리 앞에 진열된 세계관의 수가 너무 많으며, 그것을 모두 이해하기는 현실적으로 불가능하다는 데 있다. 그러므

로 우리가 할 수 있는 것은 전통적으로 대표적인 동서의 세계
관 몇 개를 선택해서, 그것을 수용하기에 앞서 먼저 올바로 이
해하고 비판적으로 재해석하는 작업이다. 그러한 작업은 한 세
계관을 구성하는 핵심적 개념들의 명료화 즉 분석을 위한 재해
석 작업이 될 것이다. 왜냐하면 그러한 세계관의 진술이 겉보
기와는 달리 무척 헷갈리고 불투명하기 때문이다.

그리고 이러한 모든 작업은 앞서 요약한 언어철학, 더 정확
히 말해서 내 철학의 핵심적 개념인 '존재-의미 매트릭스'의
틀에 비추어 이루어질 것이다. 이런 점에서 존재-의미 매트릭
스는 기존의 세계관을 구성하는 핵심적 개념들의 구체적 의미
는 물론, 그것들을 보다 정확히 이해하고 평가한 후 최종적으
로 선택하는 데 유용하게 사용될 수 있는 보편적 잣대이다.

II.

전통적 세계관의 분류

• • •

세계관은 편의와 필요에 따라 다양한 방식으로 범주화해서
여러 가지로 분류할 수 있다.

1) 학문적 범주 차원
   종교적·철학적·과학적 및 시적 세계관

2) 지리적 차원
   동양적 및 서양적 세계관

3) 역사적·통시적 차원
   원시적·고대적·근대적·현대적 세계관

1. 학문적 범주 차원에서의 종교적·철학적·과학적 및 시적 세계관

1) 종교적 세계관

그 인식 대상을 물리적 유한한 현세만이 아니라 영적이고 영원한 초월계까지를 포괄한 세계관이라는 점에서 종교는 다른 어느 세계관보다도 가장 대표적 세계관이다. 그러나 종교적 세계관도 다양하며 모든 세계관은 나름대로의 문제를 안고 있다.

21세기 현재 깊은 역사와 이론으로 무장하고 지금까지 세계사에 미친 영향력이 가장 컸으며, 가장 잘 체계화된 이론으로 무장되었고, 그 조직이 가장 견고했던 종교는 유대교와 기독교 그리고 이슬람교이다. 약 2천 몇 백 년 전부터 점차적으로 교리상으로나 정치·사회적 집단으로서의 체제상으로는 오늘날까지 서양을 대표하고, 몇 백 년 전부터 세계 문명과 문화에 결정적인 영향을 미쳐 왔다. 절대적 지혜, 도덕성 및 힘을 가진 유일신을 믿는 유대교·기독교·이슬람교 신자들은, 원시 시대에는 어디서나 전통적으로 믿어 왔고 오늘날에도 미국 대륙의 원주민들에게나 동북아시아에서는 대중적 신앙인 무교巫敎 즉 샤머니즘shamanism이라고도 불리는 일종의 물활론적 세계관을 미신迷信 즉 잘못된 믿음이라 폄하하여 그런 믿음을 종교의 범주에서 배타적으로 배제한다.

그러나 이러한 일부 종교의 태도는 잘못이라고 나는 생각한다. 유대교·기독교·이슬람교는 물론이고 당연히 종교의 범주에 속하는 힌두교와 불교, 그리고 때로는 일부의 도교까지도 무교와 마찬가지로 일종의 애니미즘 즉 미신적 요소가 들어 있다고 나는 확신하기 때문이다. 서양의 3대 종교나 동양을 대표하는 힌두교와 불교, 그리고 일종의 도교도 그것이 종교라 한다면 그것은 무교와 근본적으로 다르지 않은 애니미즘적 세계관의 일종이다. 동양과 서양의 각기 3대 종교는 물론, 모든 종교는 본질적으로 일종의 애니미즘 즉 미신적 세계관이다.

애니미즘의 본질은 무엇인가? 우주의 삼라만상이 한결같이, 살아 있는 인간의 활동이 각기 그들의 생각과 결단에 의해서 결정되는 것과 마찬가지로, 무한수의 살아 있는 인격체로서의 정령이나 요정들의 집합체이며, 삼라만상으로 구성된 우주의 모든 변화가 그러한 요정들의 마음의 결단에 의해서 정해진다는 의인적擬人的, anthromorphic 자연관이자 세계관이다. 서양의 3대 종교와 그 밖의 전통적 종교 간의 근본적인 차이는 전자가 단 하나의 위대한 전지·전능·전선한 정령, 즉 유일신을 믿는 데 반해서 후자는 제한적 힘만을 갖는 다수의 정령들, 즉 신들을 믿는다는 사실에 있을 뿐이다.

종교와 예술은 철학, 과학 그리고 미학이라는 개념들과 마찬가지로 대학에서 각기 독립된 하나의 학과를 형성하고 있지만, 이 두 학문들은 철학이나 과학과는 사뭇 다르다. 철학과 과학이 나름대로 객관적 세계로서의 자연과 우주의 어떤 객관적 사실 즉 진리로서의 세계관의 탐구를 목적으로 하고 있는 데 반해서, 종교는 이미 존재하는 초월적 진리의 추종과 전파에 초점을 맞추고, 미학은 이성에 앞서 감성에 의존한 자연과 세계에 대한 예술가의 감성적 사유와 느낌의 시적 표현을 목적으로 한다.

이러한 사실에도 불구하고 종교는 어떤 면에서 철학이냐 과학보다도 대표적인 세계관의 한 양식이다. 철학·과학·예술의 궁극적인 목적이 다 같이 삼라만상을 포함한 우주 전체를 하나의 통일된 원리와 이론에 의한 설명을 의도하는 한, 종교가 다루는 대상으로서의 우주의 외연이 영적·초월적 따라서 비가시적 영역까지 포함한다는 점에서 종교적 인식 대상으로서의 우주의 외연은 인간이 감각적으로나 지적으로 접할 수 있는 우주만을 인식 대상으로 삼는 철학·과학 및 예술적 우주의 외연보다 훨씬 넓기 때문이다.

그러나 종교적 세계관은 철학적·과학적 및 미학적 세계관들에 비해서 다음과 같은 몇 가지 사실들에 비추어 상대적으로 미흡하다.

먼저, 종교적 세계관은 학문적 탐구의 결과로서 모든 이성적 인간이 보편적으로 공감할 수 있는 신념 체계가 아니다. 애초부터 객관적으로 검증 불가능한 계시 또는 어느 한 경전 내용에 대한 무조건적 믿음의 표현에 지나지 않기 때문이다. 종교적 세계관은 지적·정신적 탐구의 결과물로서의 '진리'가 아니라 무조건적·맹신적 선택이 강요된 선언문이기 때문이다. '초월적·영적 세계'·'신'·'영혼'·'천당'·'지옥'·'원죄'의 등의 낱말들로 지칭하는 그것의 구체적 내용이 도대체 무엇인지를 알 수 없다. 어쩌면 그러한 것들은 힌두교에서 말하는, 언어가 만들어 낸 환상에 불과하기 쉽다.

우주가 과학자들에 의해서 과학적으로 즉 객관적으로 탐구되고, 수많은 우주를 구성하는 무수히 많은 물질적 작동 원리들이 정확한 수학적 언어에 의해서 서술되고, 우주적인 거시적차원에서 그리고 양자역학의 극히 미세한 물리적 현상의 작동원리가 수학적 언어에 의해서 기계적으로 설명되고, 극히 미세한 물리 현상들이 예측되고, 그에 근거해서 기적과 같은 기술이 발명되고, 무수한 기계가 제작되고, 아직도 신비의 극치인생명을 인공적으로 생산할 수 있게 된 과학 문명에 비추어 볼때, 하나의 절대적 유일신 혹은 무수한 신들 혹은 귀신들의 존재를 전제하는 종교적 세계관은 근본적으로 의인적이다.

이런 점에서 지난 500년 동안 유럽은 물론 미국, 동남아시아의 문화를 지배했거나 결정적 영향을 주고 있는 유대·기독·이슬람도 일종의 원시적이고 물활론적 세계관인 샤머니즘과전혀 다를 바 없고, 그만큼 원시적이고 미개한 믿음이라고 말해야 할 것이다. 이러한 세계관이 겉으로는 최신 과학기술을동원해서 설계되고 건축된 장엄한 성당, 교회당, 사원, 모스크에서 예배나 설교를 해도 위와 같은 사실은 전혀 달라지지 않는다. 탈종교적인, 즉 보다 만족스러운 세계관이 가능할지 아닐지는 모르지만, 종교적 세계관의 발생과 발전, 세계적 지배의 역사적 사실은 종교란 어쩌면, 죽음 앞에서 예외 없이 나약한 인간의 공포와 생명 연장에 대한 애처로운 소망의 표현에 지나지 않을지 모른다는 생각을 떨칠 수 없다.

또한 만약 종교가 일종의 세계관이라면, 종교적 세계관은 이원론적이다. 이원론적 종교적 세계관은 물질과 정신, 현세와 내세, 자연계와 초월세계, 동물과 인간, 인간의 육체와 마음 등 간의 부정할 수 없는 관계를 설명하고, 그러한 설명이 인지과학·생명공학과의 밀접한 관계를 설명해야 하는 큰 인식론적·이론적 부담을 안게 된다.

이런 사실들은 사유 일반 특히 우주 전반에 관한 신념 체계로서의 세계관은 물론, 지적 성숙도를 평가하는 보편적 잣대로서 눈금 0에서 1로 표시되는 인식적 성숙도 측정계인 '존재-의미 매트릭스'에 비추어 볼 때, 종교적 세계관은 아마도 눈금 0.93~0.94 정도의 점수를 받게 될 것이다. 그것은 인간의 지적 인식 능력이 고도로 발달한 오늘의 역사적 상황에서 납득하기 어렵기 때문이다.

2) 철학적 세계관

철학의 개념 규정은 복잡하다. 많은 사람들에게 철학은 종교와 구별되지 않고, 점술占術과 혼동된다. 적지 않은 철학자들 가운데서도 철학은 논리학·언어학·말놀이·수사학·문학·사념·명상 등은 물론 과학 이론, 더 정확히 말해서 이론물리학과도 분명하게 구별되지 않는다. 철학이란 이름으로 전문적인 철학교수들이 하는 지적 작업은 아주 세분되어 철학사, 특정한 개념의 규정, 특정한 철학적 명제들에 관한 논리적 분석, 특정한 주장들에 관한 해석 등으로 분류될 수 있다. 그럼에도 불구하고 철학이 다른 학문들과 구별될 수 있는 세 가지 특징을 들 수 있다.

첫째, 철학적 주장의 바탕이 사유 양식으로서의 이성이라는 지적 기능에 의존하고 있다는 점, 둘째, 철학적 세계관은 종교적 또는 과학적 세계관과 달리 후자의 세계관에 대한 메타적 인식, 비판적 인식 양식이고, 따라서 철학은 근본적으로 가장 반성적 학문이고, 철학적 세계관은 메타-세계관이라는 점, 셋째, 어떤 문제를 다루든 궁극적으로는 우주 안의 삼라만상의 통합적인 그림, 즉 모든 이성적 인간이 납득할 수 있고, 종교적·과

학적 그리고 미학적 세계관보다 더 설득력 있게 분명한 언어로
짠 세계관의 창조라는 점이다. 위와 같은 근거로 볼 때 세계관
가운데서 가장 바람직한 것은 철학적 세계관이라고 단언할 수
있다.

노장이 주장하는 도교, 플라톤의 이데아 철학, 데카르트의
이원론적 세계관, 칸트의 선험주의 철학, 헤겔의 관념철학, 화
이트헤드Alfred North Whitehead의 '과정의 철학process philoso-
phy', 베르그송Henri Bergson의 '창조적 진화철학creative evo-
lution philosophy', 콰인Willard Van Quine의 '인식론적 자연주의
epistemological naturalism' 등은 철학적 세계관의 몇 가지 전형
들로 볼 수 있다.

3) 과학적 세계관

과학적 이론의 근거는 실증적 경험과 논리적 사유에 뿌리박
고 있다는 점에서 계시나 큰 깨달음 또는 무조건적인 어떤 특
정한 경전에 의존하는 종교적 믿음과는 다르다. 그것은 물론,
단순한 일상적 경험을 초월하여 이성과 논리적 추리로 건축된
철학적 명제들이나 감성에 바탕을 두고 영감으로 정당화되는

미학적 즉 예술적 인식과도 근본적으로 다르다. 그러나 천문학, 뉴턴의 역학, 아인슈타인의 일반상대성 이론, 보어Niels Bohr와 하이젠베르크Werner Heisenberg의 양자역학 같은 거시적 혹은 미시적 물리학 이론들은 과학의 범주를 넘어서 철학으로서의 형이상학 즉 세계관과 쉽게 구별되지 않는다.

바로 이런 이유에서 과학자이자 철학자인 자크 모노Jacques Monod는 자신의 과학철학적 저서 『우연과 필연Le Hasard et la Nécessité』에서 종교를 미개한 샤머니즘, 즉 일종의 물활론적 세계관으로 규정하고 비판한다. 그러면서 그런 종류의 세계관을 대변하는 헤겔, 베르그송, 화이트헤드, 테야르 드 샤르댕 Pierre Teilhard de Chardin 같은 철학자들의 형이상학적 세계관들은 물론, 종교를 아편으로 규정하고, 이른바 '변증법적 **유물론**'으로서의 역사의 '진보'를 전제한, 철학적이자 과학적인 세계관이라 규정한 마르크스주의 자체도 일종의 물활론 즉 원시적 종교를 반영한다고 혹독하게 공격했다.

학문으로서 종교의 궁극적 의도는 감각적·현상적·유물론적 차원을 넘어 비물질적으로 존재하는 인격적 존재로서의 단하나의 절대 신 혹은 여러 신들, 인간의 정신, 마음, 영혼까지를 포괄한 비가시적 존재들을 포함한 우주의 총체적 그림으로서의 세계관의 구성이다. 또한 그러한 세계관의 근거가 한편으로 철학적 세계관의 근거와 달리 오로지 인간의 이성, 객관적 경험과 사실 및 엄격한 논리적 사유를 넘어서서 극히 사적인 계시, 특정한 종교적 경전과 교리에 의존한다.

학문으로서의 종교가 인식 대상으로서 물리적 차원을 훨씬 넘은 영적·초월적 세계를 포괄한다는 점에서 종교적 세계관의 외연은 오로지 논리적 사유 규범과 실증적 경험에만 의존하는 학문으로서의 철학이 짜내거나 발견에 근거한 철학적 세계관의 외연보다 크다. 그렇다면 세계관으로서의 과학은 어떤가?

여기서 나의 논의를 분명히 하기 위해 먼저 편의상 하나의 인식 방법으로서의 과학과 하나의 세계관으로서의 과학을 구별해 두기로 하자. 인식 방법론으로서의 과학은 어떤 형상에 관한 신념에 도달하는 논리실증적 방법 혹은 절차를 의미한다. 한편 세계관으로서의 과학은 과학적 인식 방법의 틀에서 벗어나지 않은 자연·우주 전체에 관한 총괄적 이론이다.

전자의 정의에 따른 '과학'은 삼라만상에 관해서 과학적 인식 방법에 근거해서 도출한 인식 및 주장을 뜻하고, 이런 뜻에서 볼 때 삼라만상의 수 이상의 과학이 공존할 수 있다. 즉 수많은 주장이 다 같이 참일 수도 있고, 틀렸다 할 수도 있는 것이다.

반면 후자의 정의를 따를 때, 만약 과학적 세계관이 참이라고 한다면 종교적·철학적·미학적 세계관은 틀린 것이며, 과학적 세계관이 옳다면 그러한 세계관은 여러 개가 있을 수 없다. 오로지 단 한 가지만 존재한다. 왜냐하면 세계관은 삼라만상에 관한 포괄적 인식 양식이며, 삼라만상에 관한 포괄적 인식은 오로지 한 가지뿐이기 때문이다. 다시 말해서 모든 과학적 진리가 우주 전체, 삼라만상 전체에 관한 포괄적 명제가 아니기 때문이다.

과학적 세계관의 대표적 예로는 코페르니쿠스의 지동설, 뉴턴의 역학, 아인슈타인의 일반상대성 이론, 보어-하이젠베르크의 양자역학, 맥스웰James Maxwell의 열역학 제2법칙 등 극히 소수가 있으며, 그 밖의 수천, 수만, 수백만 가지 과학적 법칙은 비록 그것들이 참일 경우라도 과학적 세계관에 속할 수 없다.

그것의 탐구 대상 즉 외연의 차원에서 볼 때 과학적 세계관은 종교적 세계관의 외연만이 아니라 철학적 세계관의 외연에 비해서도 좁고, 따라서 미약하다. 왜냐하면 과학에서 말하는 우주는 종교적 세계관과 어떤 일부 철학적 세계관이 전제하는 신, 영적·초월적 존재를 포함하지 않고, 오로지 인과적 법칙으로만 설명될 수 있고, 궁극적으로는 물질로 환원될 수 있는 것들로만 구성되어 있기 때문이다.

하지만 타당성의 견고성과 신뢰성 측면에서는 볼 때는, 종교적 세계관만이 아니라 철학적 세계관보다도 실증적으로나 논리적으로 견고하고 명료하다. 모든 종교가 우주와 인간의 영적 즉 비가시적인 정신적 측면을 전제하는 데 반해서 과학적 세계관은 원천적으로 그러한 것을 배제하거나 인정하지 않기 때문이다.

2. 동서양의 지역적 관점에서 본 전통적 세계관의 사례들

지금까지 존재해 왔던 역사적으로 중요한 세계관들은 학문의 분과적 분류 관점에서 본다면 바로 위에서 지적한 바와 같이 종교적·철학적·과학적 또는 미학적으로 분류하기 전에, 지역적 범주에 따라 동양적 및 서양적 세계관으로 양분하여 그 특징을 분석하고 비교할 수 있다.

동양의 대표적 세계관의 예로는 크게 다섯 가지를 들 수 있다.

1) 동북 러시아를 비롯한 동북아시아와 북미 원주민인 인디언들에 의해서 최근까지도 보존되고 있는 종교인 샤머니즘

2) 아득한 고대 인도에 이주한 아리안족이 짜낸 일종의 종

교인 동시에 형이상학이며 사회철학이기도 한 힌두교

3) 고향인 인도에서는 거의 사라졌고 동북아시아에 들어와서 지역에 따라 달리 변형되었지만 나름대로 화려한 꽃을 피운 일종의 종교이자 형이상학이며 삶의 철학이기도 한 불교

4) 자생한 도교라는 이름으로 알려진 노장老莊 사상

5) 일종의 사회윤리학이자 인생철학이기도 한 유교

동양의 위와 같은 전통적 세계관의 예들과 대조해서 들 수 있는 서양의 전통적 세계관들의 대표적인 예로서 다음과 같은 사상 체계를 들 수 있다.

1) 유대교·기독교·이슬람교로 대표되는 서양의 대표적인 유일신을 믿는 종교

2) 고대 그리스에서 그 뿌리를 찾을 수 있고 3,000년 서양의 사상사를 거치면서 다양한 철학자들에 의해서 다양하게 주장된 관념론적 형이상학

3) 유물론적 일원론의 형이상학

4) 위의 두 가지 속성을 동시에 인정하는 이원론적 혹은 다원론적 형이상학

5) 오늘날 과학기술의 눈부신 발전에 힘입은 유물론적인 과학적 세계관

여기서 다양한 세계관들을 보다 올바로 이해해서 올바른 세계관을 선택하는 데 먼저 필요한 것은 그 세계관이 무교적·종교적·철학적·과학적·미학적 등의 개념적 차원에서 서로 다른 범주 속에 명확히 구별되어 묶여야 하는 것이지만, 존재론적 차원에서 엄격히 따져 보면 그러한 구별은 절대적이 아니라 잠정적이며, 실제적이 아니라 편의상의 의미만을 갖는다.

어떤 특정한 세계관을 정확히 그리고 결정적으로 무교적·종교적·철학적·미학적·과학적이라고 구별할 수 없으며, 동양적·서양적 등의 일원적인 선상에서만 분류할 수 없다. 궁극적으로 모든 현상적 존재들 사이는 물론 개념들 사이에도 절대적이고 영구적인 고정된 선을 그을 수 없다.

지금까지 지구의 역사상에 존재했던 수많은 세계관들 중에서 대표적인 몇 개를 골라 각기 그것들의 개념을 앞서 도입한 '존재-의미 매트릭스'라는 사유의 가장 기본적 틀의 구조에 비추어 가능한 한 명석하게 규정하고 비평함에 있어서 바로 위와 같은 점을 명심함은 이 책의 주장을 이해하는 데 결정적 중요성을 갖는다.

III.

동서양 세계관들의 개별적 및 집단적 의미 해석과 평가

1. 동양의 전통적 세계관들

1) 샤머니즘으로서의 힌두교

인간의 생존과 번영은 자연의 모든 현상을 나름대로의 분별 능력과 그것들의 작동 원리에 대한 최소한의 지식과 행동 규범을 전제하지 않고는 불가능하다. 이 두 가지 기능을 세계관이라 부를 수 있다. 세계관의 원초적 형태는 종교이며, 원초적 종교는 샤머니즘 즉 무교라 부르는 물활론적 세계관이었다. 물활론적 세계관에 의하면 우주의 삼라만상은 나름대로 인격적인, 즉 살아서 나름대로 생각하는 존재인 요정들의 결정에 의해서 작동된다.

오늘날 이른바 선진 사회가 논리적이고 실증적 사고방식으로서의 과학적 세계관에 의해서 지배되면서 무교적 세계관은 미신으로 취급되어 무시되거나 쇠퇴하고 있다. 하지만 과거 몇 천 몇 만 년 동안 제도적으로 조직된, 이른바 세계적 종교들—가령 기독교·불교 등—은 아직도 건전할 뿐만 아니라 번영하고 있다. 그러나 종교라는 점에서 무교와 기독교 혹은 불교는 다 같이 종교이며, 종교인 이상, 그것들은 서로 다르지 않다.

이러한 사실은 물활론적 세계관이 얼마나 인간의 마음속 깊이 남아 있는가를 말해 준다. 3,000년 이상의 서양 문명 그리고 21세기 세계를 지배하다시피 하고 있는 대표적 서양 종교인 유대교·기독교·이슬람교의 경우도 사정은 전혀 다르지 않다. 만약 종교가 근본적으로 물활론의 한 양식이고, 물활론이 일종의 미신이라면, 오늘날의 지구를 지배하는 세계관은 샤머니즘적 세계관이라는 추론을 완전히 피할 수 없다.

그러나 오늘날 샤머니즘, 즉 원초적 세계관의 잔재는 서양보다 동양에서 대중적으로 훨씬 더 깊게 퍼져서 남아 있다. 그것은 종교적 세계관이 합리적 사유 즉 과학적 세계관과 논리적으로 대립되고, 과학적 사유 양식을 발명하고 과학적 기술 문명을 세계적인 차원에서 구축하고 지배해 온 서양이 과학기술 문명을 도입하는 데 뒤진 동양에 비해서 덜 무교적 세계, 덜 종교적 세계라는 사실은 쉽게 설명된다.

2) 개명한 힌두교로서의 베단타

힌두교는 BC 4000년경 서쪽에서 인도의 땅으로 이주한 아리안과 원주민이 결합한 후 BC 1200~600년경 사이에 쓰인 세 권의 『베다경 시경詩經』속에서 그 뿌리를 찾을 수 있다. 이 텍스트는 격한 시적 언어로 특정한 술과 음식과 그 밖의 방법으로 도달하게 된 신들린 정신 상태를 주술적 언어로 노래하고 찬양하는 범심론적 세계관을 내포한다. 이런 수준에서 힌두교는 아직은 종교라기보다는 일종의 주술적 물활론이다. 또한 우주의 창조신인 브라마Brahma, 우주의 파괴 신인 시바Shiva와 대치해서 우주를 보존하려는 신 비슈누Vishnu의 3대 신들을 비롯해서 그 밖에 수많은 신들이 혼란스럽게 우글거리는 힌두교의 모든 경전에만 초점을 맞추어 볼 때, 힌두교는 고대의 모든 세계관이 그러했듯이 애초에는 일종의 의인적 세계관이었으며, 그것도 오늘날 미신으로 취급되는 물활론적 종교이다.

힌두교의 이러한 사상적 흔적은 인도의 가장 중요한 성지인 갠지스 강변의 유명한 화장터 도시인 바르나시Barnasi에서 볼 수 있는 수많은 사람들의 기도, 우상 숭배로밖에는 달리 볼 수 없는 일종의 행위, 어떤 신들의 석상 앞에서 촛불을 켜고 기도하기, 강물로 몸 닦기 등 수많은 행위와 행사들에서 나타난다. 즉 힌두교가 철학적 세계관이라기보다 미신에 가까운 종교라는 사실의 뚜렷한 근거를 찾아볼 수 있다. 그렇지만 나는 고대 인도인의 사유의 틀이 의인적이기보다는 논리적·주술적이고, 종교적이기보다는 추상적·철학적이라고 확신한다.

BC 700년경 『우파니샤드』 및 BC 100년경에 정리된 산문 시집 『바가바드기타』 등의 경전이 기록되면서 힌두교는 차츰 계시적인 종교적 진리에 대한 맹목적인 신앙과 추종이기보다 추상적 개념으로 이론화되면서 철학적 논리와 사유로 구성된 세계관으로 변신한다. 그것의 가장 기본적인 특징은 일원적 그리고 추상적인 형이상학적 세계관이다. 우주 전체 및 그 속에 포함된 삼라만상은 단 하나의 우주적 실체로서의 브라만과 삼라만상의 개별적 범아梵我, atman, 영혼의 인과적 윤회관 등의 추상적 개념들로 삶과 죽음, 인간의 운명 등에 관한 형이상학의 모습을 갖는다. 이와 같이 해서 힌두교는 하나의 위대한 종교인 동시에 위대한 형이상학으로 확고하게 정립된다.

그 후 『마누법전Laws of Manu』을 통해서 이미 큰 형태를 갖춘 형이상학에 부합한 네 개의 사회적 계층 구조, 한 개인의 삶의 네 단계, 인생에서 추구해야 할 네 가지 가치를 제시함으로써 개인의 도덕철학인 동시에 사회철학의 면모를 갖춘다. 위의 네 개의 경전들, 특히 『우파니샤드』를 통해서 볼 수 있는 인도의 종교이자 철학이며 현실적인 동시에 초월적이고 사회적인 동시에 우주적인 영역에 걸쳐 가장 인도적인 정통적 사상인 베단타Vedanta 철학, 즉 세계관의 형태가 잡혀 간다.

그러다가 힌두의 종교적 및 철학적 세계관은 기원전 3세기 혹은 4세기에 베단타 전통에서 이탈하여 약간 변형된 종교적 및 철학적 사상으로 정립된 대중적인 불교Buddhism, 가장 금욕적인 자이나교Jainism 및 극단적으로 이단적인 유물론적 형이상학과 향락지상주의적 가치관을 외친 차르바카Carvaka/Lokayata. 順世派와 분명히 차별화되고 극단적으로 대립된다.

어쨌거나 한 가지 확실한 것은 이른바 현재 우리가 서양 사상과 대조되는 동양 사상을 말할 때, 가장 동양적인 사상은 인도 사상이며, 가장 인도적인 사상은 힌두교이고, 가장 힌두적인 인도 사상의 정통성은 『베단타경』에 있고, 가장 베단타적인 사상은 『우파니샤드』, 『바가바드기타』 및 『마누법전』 등 3개의 텍스트 즉 경전들 속에 들어 있다는 것이다.

이런 근거에서 힌두교는 위대한 사상 체계이며, 문학적으로는 재미있고, 논리적으로 설득력 있고 치밀하고, 스케일이 방대하고, 형이상학적으로는 지적으로 심오하고, 견고하게 구축된, 인류 사상사에서 그 위대성이 뚜렷하게 남을 세계관이라고 나는 확신한다.

힌두교의 핵심은, 모든 진지한 지적 탐구의 궁극적 목적이 그러하듯이 우주 삼라만상의 본질과 그것의 일부로서 존재하는 인과의 본질적 관계와 관련된 모든 문제를 총괄적으로 단 한 가지 근본적인 원리에 의해서 설명하려는 데 있다. 이런 점에서 힌두교는 모든 종교적·철학적·과학적 사상이 그러하듯이 일종의 형이상학이며, 형이상학은 대체로 우주 전체의 삼라만상을 그것들의 속성의 수적 차원에서 단 하나로 보는 일원론적인 것과 서로 환원될 수 없는 두 개로 보는 이원론적인 것인 것으로 양분할 수 있다.

이런 문제가 제기되는 이유는 우리가 감각적으로 지각해서 알고 있는 모든 인간, 모든 생명체, 그리고 모든 현상들은 궁극적 차원에서 볼 때 한편으로는 항상 변하고 소멸되지만, 다른 한편으로는 그러한 형상들의 출현과 소멸, 탄생과 죽음의 끊임없는 과정에서도 '인간'·'생명체'·'현상'이라는 것들은 언제나 그대로 존재한다는 언뜻 보아 모순된 사실을 인정하지 않을 수 없는 사실에 있다.

종교·과학·예술이 다 같이 이러한 모순에 크게 신경을 쓰지 않고도 나름대로 존립할 수 있지만, 철학의 경우는 그럴 수 없다. 일관성은 철학적 사유 가운데 가장 핵심적 생명이기 때문이다. 모순된 주장은, 곧 철학의 죽음이라는 것이다. 그러므로 모든 사유의 궁극적인 문제는 인간이 어디서나 그리고 어느 때나 부딪치는 모순된 경험, 모순된 현상을 지적으로 풀어주는 일이다. 특히 철학적 문제가 그렇다. 종교나 과학과 같은 사유를 비롯한 모든 사유가 궁극적으로 철학적 사유로 자연스럽게 변신하는 것은 바로 위와 같은 철학적 사유의 특성 때문이다.

철학적 세계관으로서의 힌두교는 우주의 삼라만상을 설명함에 있어서 처음에는 물활론적 즉 인격적 형태에서 추상적 즉 비인격적인 형이상학적 개념들로 설명된다. 철학적 힌두교에 의하면, 삼라만상은 그 하나하나가 마치 살아 있는 한 구체적인 인간이 그의 가시적 몸과 그의 비가시적인 본질로서의 영혼으로 분리되어 인식할 수 있으며, 피상적으로 볼 때 그것의 가시적인 몸에 해당하는 브라만 즉 현상적 측면인 범천과 그것의 영혼에 해당하는 아트만 즉 영적 차원으로 분리해서 서로 독립된 다른 존재로서 인식될 수 있다.

힌두교에 의하면 이러한 양식의 인식은 전혀 잘못된 것이다. 우주 전체로서의 우주를 구성하는 하나하나의 개체적 삼라만상으로서의 개체적 존재와, 그 모든 것을 총칭하는 단 하나로 존재하는 우주 전체는 본질적으로 동일하다. 이런 점에서 브라만은 개별적 아트만, 즉 형이상학적으로 동일하다. 한편으로는 개체로서의 우주의 모든 것과 모든 개체의 몸과 마음, 육체적 측면과 영적 측면은 모두가 완전히 일심동체·동체일심이라는 것이다.

이런 점에서 힌두교의 형이상학은 완전히 일원론적이다. 이것이 바로 철학적 힌두교적 세계관의 본질인 '범천범아일여梵天梵我一如' 사상의 핵심이다. 나중에 보겠지만 이와 같은 일원적 형이상학은 힌두교에서 파생한 불교는 물론, 그 원천이 힌두교의 모국인 인도와는 지리적으로나 역사적으로 전혀 다르고 순수하게 중국에서 태어난 도교의 밑바닥에도 깔려 있다.

위와 같은 형이상학적 전제에서, 힌두교는 "우주의 삼라만상이 실재가 아니라 인간의 어리석은 환상이 만들어 낸 마야 maya, 즉 환영幻影, illusion"이라는 것이며, 정말 실재하는 것은 우리가 오감으로 뻔히 보면서도 보지 못하는 객체로서 존재 전체를 지칭하는 브라만과 오감으로 뻔히 느끼면서도 실제로는 따로 존재하지 않는 주체인 독립적인 개별자로서의 아트만을 실재하는 것으로 착각하고 범천·범아 즉 전체로서의 우주와 그것을 구성하는 무수한 부분들 또는 측면들로서의 개별자들인 삼라만상이 궁극적으로는 단 하나의 동일한 우주 즉 범천범아일여임을 망각한 환각 상태에 빠져 있어서 오로지 개체로서 존재하는 삼라만상의 현혹에 의해서 무지 속에 빠져, 그것들이 환상임을 망각하고 있다는 것이다.

이러한 힌두교의 세계관으로부터, 합리적이고 실증적인 그리스의 철학적 사고의 틀 속에서 태어나 살아온 서양인뿐만 아니라 동양인에게조차도 너무나 황당하고 충격적인 힌두교의 명제가 나온 것이다. 고대 그리스인이나 그런 전통 속에서 태어난 오늘날의 과학적 세계관을 믿는 이들은 물론 전통적인 골수 동양 사상의 틀에서 자란 동양인들에게도 너무나 충격적인 주장이며 황당한 세계관이다.

우리의 사유와 일상적 삶은 우리가 구체적이며 차별적으로 지각할 수 있는 실증적인 삼라만상을 원초적·객관적 세계, 즉 실재하는 삶의 환경으로 전제하며, 우리는 그것에 기초해서 추상적이고 개념적인 상상과 사유를 하고 살아간다. 우리의 생물학적·이성적 삶의 출발점은 보이지 않는 추상적인 단 하나의 영원불변한 총체적 실체, 브라만 즉 범천이 아니라 산만하게 산재하는 무한수의 구체적 삼라만상이 원초적 실체라는 전제이기 때문이다.

바로 위와 같은 사실로부터, 어쩌면 힌두교가 환상으로 취급하는 개체적 자아들로서의 삼라만상이야말로 실체이며, 영원히 불변하는 실재로서의 브라만이야 말로 환상이기 쉽다는 논리적 유추를 쉽게 할 수 있을 것 같다. 그리고 이러한 논리는 힌두교의 철학적 세계관을 매력은 있지만 과거 원시적 상상력과 신화적 사고의 산물이라고 간단히 무시해 버릴 수 있을 법도 하다.

그러나 사실은 그리 간단하지 않다. 그렇게 황당한 힌두의 철학적 세계관은 몽매한 대중들은 물론 수많은 철학자들까지도 쉽게 이해하기 힘들지만, 놀랍게 깊으면서도 알면 알수록 투명한 논리로 뒷받침된 진리라는 것을 알 수 있다. 이러한 개연성은 2천 몇 백 년 동안 그 넓은 땅에서 그 많은 교인으로서 혹은 철학자로서의 추종자를 지속적으로 갖고 있어 왔다는 것을 역사적 사실로 알 수 있다.

만일 위와 같은 나의 주장이 옳다면, 그 가능성은 어떻게 설명할 수 있는가? 언뜻 보아 상식과 너무나 배치되는 철학적 힌두교의 황당한 주장들, 예를 들어 "우주의 삼라만상은 환상이다", "한편으로는 브라만이라는 단 하나의 형이상학적 우주의 객체로서의 범천과 그것의 주체로서의 범아, 즉 아트만, 다른 한편으로는 단 하나의 총체로 우주로서의 범천과 그 우주 안의 수많은 종류의 삼라만상들로서의 범아들은 다 같이 동일하다"라는 명제, 일상생활에 모두가 실재하는 것으로 전제하고 있는 삼라만상은 환상 즉 헛것, 마야maya라는 주장, 현재와 내세 사이에 존재하는 영원회귀적 재생 간에 존재하는 인과적 관계로서의 업業 즉 카르마karma 이론, "삶의 궁극적 목적이 쳇바퀴같이 도는 영원회귀의 굴레로부터의 해방 즉 목사moksha"라는 신념 등은 한결같이 그리고 아주 재미있게 냉철한 이성적 논리에 의해서 뒷받침된 놀랍게 깊은 진리라는 것을 어떤 설명으로 비힌두교도들에게 납득시킬 수 있는가?

미신으로 취급하든 종교로 규정하든 아니면 형이상학으로 규정하든 위와 같은 방식으로 요약할 수 있는 인도의 전통적 세계관이 인도 대륙을 포함한 동남아시아의 몇 십억 인구의 마음을 적어도 2,000여 년 동안 사로잡아 그들의 삶을 개인적 및 사회적 차원에서 지배해 왔다는 사실과, 문화적 전통을 전혀 달리해 왔던 오늘의 서구인들 가운데 적지 않은 수를 힌두교로 개종시켜 그들에게 삶의 정신적 양식을 제공하는 종교가 되었으며, 약 두 세기 전부터 인도의 문화를 발견한 서양의 철학자 및 많은 지식인들 그리고 이른바 근대적 서양의 과학기술 문명에 개종한 동북아시아의 적지 않은 대중과 지식인들은 물론 이른바 철학자들이 철학적 힌두교, 힌두인들의 종교적 세계관에 지적인 동시에 영적으로 매료되어 감탄하지 않을 수 없다는 것이 사실이라면 그것은 우연한 일이 아니라 곧바로 발견할 수도 설명할 수도 없는 어떤 위대한 진리, 정신적 통찰이 그 속에 담겨 있음을 시사한다.

그렇다면 우리의 과제는 힌두교적 세계관의 위대성을 설명하는 데 있다. 상식적으로는 너무나 황당한 것처럼 보이는 철학적 힌두교의 내용의 의미를 분명히 설명함으로써 철학적 힌두교는 실제로는 전혀 황당하지 않다는 것을 밝히는 일이 될 것이다.

힌두교의 가장 황당한 명제는 우리가 감각적으로 접하는 우주의 삼라만상이 객관적으로 존재하는 것이 아니라 환상, 즉 꿈에서 보는 것들과 같은 '헛것'이라는 명제이다. 이 명제가 황당한 것은 그것이 우리 모두가 아무도 의심할 수 없는 사실을 부정하기 때문이다. 그러나 꼼꼼히 따져 보면 위와 같은 힌두교의 명제는 황당하기는커녕 그것의 정반대, 즉 계시로 인식될 수 있다.

우리의 감각 기관에 들어오는 삼라만상은 문자 그대로 서로 다른 만 가지 개체들, 즉 하나하나가 서로 구별되는 것들이다. 다른 무엇인가와 구별되지 않고, 차별화되지 않는다면 우리는 아무것도 지각할 수 없다. 차별이나 구별은 다른 것들과의 사이에 선을 긋는 행위이며, 그런 선을 그음으로써만 어떤 대상은 비로소 지각된다. 어떤 대상을 가령 '하늘색'과 구별하여 '초록색'으로 지각한다는 것은 그 두 색깔들 사이에 결정적인 선, 즉 절대적 차별이 있음을 인정하는 것과 동일하다.

그러나 가령 구체적인 두 물건·사물·대상들 각각의 색깔들 사이에는 그러한 선을 그을 만한 공간이 존재하지 않는 것도 있다. 다시 말해서 하늘색과 초록색의 경계는 언제나 애매모호하다. 그것은 개구리와 두꺼비, 인간과 침팬지의 경계가 생물학적으로 절대적이 아닌 것과 마찬가지다.

그럼에도 우리는 물론 삼라만상 가운데서 그것들에 적응하거나 대응하면서 생존해야 하는데, 그러자면 그것들을 여러 가지로 구별하여 자신에게 가장 적절한 것을 취사선택할 줄 알아야 한다. 불행하게도 구체적인 삼라만상들 가운데는 어디에도 절대적인 구별이 없다. 그런데도 생존을 위해서라도 그런 구별이 필요하다면 그것은 오로지 개념적 즉 실재가 아니라 언어로만 가능하다. 이러한 사실은 언어와 인식에 관한 앞 장에서 언급했듯이 의식·지각·사유·인식은 사물들 각각의 차별을 전제하고, 사물들 간의 절대적인 차별은 개념적으로만, 즉 언어적으로만 존재하지 구체적 세계에는 존재하지 않는다. 따라서 언어를 떠난 삼라만상은 인지될 수 없으며, 인지되지 않는 한 '존재한다'라는 판단이 내려질 수 없고, 이런 논리에서 현상세계는 환상이며, 실재하는 것은 언어를 삽입해서 개념화되기 이전, 즉 서술되기 이전의 단 하나로서의 일원론적 우주 전체라는 것이다.

삼라만상은 환상 즉 헛것들이며 실재하는 것은 언어로 말할 수 없는, 언어를 개입시켜 서술되기 이전의, 아무것으로도 그리고 아무것에 의해서도 언어로 서술되고 인식되어 설명되기 이전의 브라만, 즉 단 하나의 우주 전체만이 실재한다는 힌두교의 형이상학적 세계관의 위와 같은 주장은 우리가 앞서 이미 길게 설명한 바 있는, 수치 0에서 1까지의 눈금으로 짜여진

'존재-의미 매트릭스'라는 철학적 잣대에 맞추어 다음과 같이 설명할 수 있다.

여기서 눈금 0에서 1은 인식 주체의 의식과 그 대상 간의 존재론적인 거리인 동시에 의미론적 투명성 간의 반비례적 관계를 나타내는 수치이다. 의식과 그것의 인식 대상 즉 인간과 자연 간의 거리가 수치 0에 가까우면 가까울수록 존재론적으로는 그 대상과 거의 일치하며, 인식의 투명성은 무無에 가깝고, 그만큼 마음은 꽉 채워지고 따라서 편안하다. 반대로 인간과 자연 간의 거리가 수치 1에 가까울수록 수치 의미론적으로 인식의 투명성은 완벽에 가깝고, 그만큼 마음은 공허하고 따라서 불안하다.

인식과 그 대상 간의, 인간과 자연 간의, 자연적/존재론적인 동시에 정신적/의미론적인 위와 같은 관계는 인간의 이중적이자 모순되는 존재 양식과 그것에 동반되는 인간 욕망과 영원한 좌절감에 관한 사르트르의 인간관에 비추어서도 설명된다. '존재-의미 매트릭스'라는 개념은 철학적 인간관의 내용을 보여주는 즉자l'être-en-soi와 대자l'être-pour-soi, 즉 사르트르가 '존재'라고 부르는 대상으로서의 존재 양식과 '무'라고 부르는 의식 양식으로서의 존재 사이에서 갈등하면서 즉자인 동시에 대자, 논리적으로 성립 불가능한 있음, 즉 유 l'être로서의 존재인 동시에 없음, 즉 무 le néant로서 존재, 즉 '물질'인 동시에 '자유 의식'으로 있고자 하는 실현 불가능한 욕망을 가진 동물로서의 실존주의적 인간관에 비추어 이해할 수 있다.

사르트르에 의하면 우주 전체를 구성하는 모든 삼라만상은 오직 즉자/대상 즉 유로서의 존재/의식 대상과, 대자 즉 무로서의 존재/의식주체라는 상호보존적이지만 모순된 단 두 가지 양태로 분류되고 모든 것은 그 두 가지 중 하나에만 속한다. 오로지 완전한 존재, 즉 하느님만이 즉자인 동시에 대자가 될 수 있다.

사르트르의 즉자와 대자의 관계는 내가 제안하는 인간과 자연 사이에 존재하는 무한수에 가까운 관계를 측정하는 잣대로서의 '존재-의미 매트릭스'에 맞추어 측정할 수 있다. 인간과 자연 간의 관계가 그 잣대의 눈금 0으로 나타날 때, 그것은 존재 차원의 끝자락에서 인간이 그냥 물질로서 즉 무의식적 존재로 있음을 표상한다. 반대로 그 잣대의 눈금 숫자가 1로 나타날 때, 그것은 인간의 의식이 대상과 최대로 투명한 상태에서 의미 차원에 놓여 있음을 말해 준다.

사르트르에 의하면 인간이 궁극적으로 원하는 대상과의 관계는 즉자적, 즉 존재론적, 즉 '존재-의미 매트릭스'의 잣대로 가늠하면 그것의 눈금 숫자 0의 지점인 동시에 그것의 눈금 숫자 1의 지점에서 모순된 관계를 유지하는 것이다. 그러한 관계를 통해서 인간은 한편으로는 그 대상을 마음대로 관념적으로 조작할 수 있는 주체로서의 자유를 확인한다. 다른 한편으로는 '존재-의미 매트릭스'라는 잣대의 눈금 숫자 0의 지점에서 자신의 주체적 자유를 물질화하여 그 대상의 일치, 즉 오로지 존재론적 차원에서 마음을 비우고 물질처럼 충만하고 편안한, 즉 절대적 평화인 동시에 침묵과 죽음을 뜻하는 존재 양식으로서의 즉자로서 존재에 대한 소망을 채우고자 하는 것이다.

우주를 만 가지로 차별할 수 있는 유일한 객관적 존재로 인정하고, 그렇게 하는 것이 괴롭지만 다른 사실이나 방도가 없다는 신념을 전제로 살아갈 때, 모든 대중이 그러하듯이 우리는 의미 차원의 대자對自로서 스스로 책임을 지고 자유로운 선택을 하며 살 것이다. 그리고 그러한 삼라만상을 허상으로 인식하고 스스로를 즉자卽自로서 우주와 완전히 하나가 되어, 부산스럽고 고통스러운 현세 즉 속세를 도피하여 죽음과 침묵, 모든 의미, 초월성으로부터 해방된 완전한 무의미와 구별되지 않는 삶을 동경할 때 우리는 어느덧 힌두교도들의 의식 속에 들어가서 보기에 따라 해탈을 얻었다고 할 수도 있고 삶을 도피하고 있다고도 말할 수 있다.

오늘날 삶을 고역으로 볼 수 있다면 힌두인들의 깊은 지혜를 인정할 수 있으며, 그렇지 않다면 힌두인들, 적어도 2,000년 전 힌두인들은 도전적이 아니라 도피적이었다고 짐작할 수 있다. 과연 그들의 삶이 얼마나 고통스러웠길래 이 세상의 삼라만상을 환상으로 해석하고, 그러한 삶의 고통들에 나름대로의 의미를 부여하기 위해서 삶의 윤회론적·인과적 업 이론을 만들고, 삶의 궁극적 목적을 삶으로부터의 해방에 두었던 것일까 하는 생각이 든다.

3) 철학으로서의 불교

기원전 3세기 전후해서 전통적으로 경건하고 지적인 힌두의 철학적 세계관에서 그것과 극단적으로 대치되는 유물론적이고 쾌락주의적인 차르바카교순세파, 역시 극단적으로 금욕적인 자이나교, 그리고 전통적 힌두철학적 세계관에 가장 가까우면서도 덜 교리적이고 덜 이론적이며 덜 귀족적인 불교로 알려진 세 개의 중요한 이단적 종교이자 동시에 철학적 세계관으로 파생해서 인도의 사상을 더욱 풍요하게 만들었다.

그러나 전통적 힌두교와 이런저런 정치적 및 사회적 이유 등등으로 그 세 개의 종교적·철학적 세계관은 어느 것도 태생의 땅 인도에서는 힌두교에 대치할 만한 힘을 발휘하지 못했다. 정치적 혹은 교리적으로 기존의 사회 질서를 흔들 수 있다는 이유로 배척당했기 때문이다. 또한 당시 인도에 들어온 이슬람의 교리와도 마찰된다는 이유로 불교에 대한 배척은 각별했다. 그러나 불교는 인도의 국경을 넘어 특히 중국·한국·일본·티베트·베트남 등 동북아시아에서 가장 중요한 종교로서 1,500여 년 전부터 오늘날까지 줄곧 정신적 양식을 제공하고 정치적·문화적으로 절대적인 영향을 끼치고 있다.

20세기 후반부터는 기독교의 세력이 날로 번성하고 있지만 한국에서도 아직까지는 불교가 가장 중요한 종교적·문화적 양식으로 남아 있다. 힌두교는 그것의 그림자조차 찾아볼 수 없는 한국과 일본 그리고 중국에서는 오늘날에도 불교적 세계관이 그것을 빼놓고는 종교·철학·문화를 생각할 수 없을 만큼 중요하다.

불교는 힌두교가 지배하고 있던 동북 인도에서 한 왕국의 왕자가 출가한 후 긴 수행 끝에 깨닫고 붓다가 된 석가모니의 가르침이다. 24세기의 긴 역사를 거치면서 광대한 서·동북아시아에 가지를 친 불교의 파들이 수없이 많고, 거기서 기록된 불교 경전의 내용은, 한국에 보존된 『팔만대장경』이 보여주듯이, 힌두교의 경전보다 그 종류가 다양하고, 그 수도 더 많다. 철학적으로는 힌두교의 난삽하고 복잡한 철학적 세계관에서 그 원천을 찾을 수 있지만, 불교는 결과적으로 붓다 석가모니의 개인적 수행과 그 수행 끝에 그가 터득한 철학적, 아니 상식적 깨달음의 가르침이다.

붓다의 가르침은 수많은 경전에 다양하고도 복잡하며 희한하고도 알쏭달쏭한 말로 기록되었지만, 알고 보면 놀랍게도 알기 쉽고 누구라도 납득할 수 있는 명석한 논리와 명료한 언어로 기록된 네 가지 명제로 된 진리와 여덟 가지로 지정된 실천 지침으로 구성된 '사성제 팔정도四聖締 八正道'에 있다. 사찰이나 불교 신자들의 절에서나 부처 앞에서 드리는 불공 등 행위를 보면, 의인적 세계관의 표현 같고, 따라서 종교 같기도 하지만, 부처님의 핵심적 가르침인 '사성제 팔정도'에 초점을 맞추어 보면 종교이기보다는 철학적, 아니 일종의 '과학적 주장'에 가깝게 논리적이고 합리적이다. 만약 '사성제 팔정도'가 불교적 세계관의 핵심이라면, 핵심적인 차원에서 종교적 힌두교와 철학적 힌두교의 세계관과 거의 일치한다.

불교는 힌두교가 지배하고 있던 인도에서 힌두교를 반성하고 비판하는 과정에서 파생되어 생겨났지만, 그것이 천 몇 백년에 걸쳐서 동북아시아로 전파되며 번영하는 과정에서 지역과 시대에 따라 서로 이질적인 수많은 파로 갈라져 왔다. 가령 소승과 대승 및 라마 불교로 분리되고, 중국 불교, 티베트 불교, 한국 불교 등으로 계속 갈라져 불교의 정확한 가르침과 세계관이 가령 힌두교의 교리와 비교해서 무엇이 무엇인지를 확실히 잡지 못할 만큼 헷갈리게 되었다. 많은 불경들을 보면 윤회설 등에서 볼 수 있는 것처럼, 한 불교적 세계관의 내용이 구체적으로 힌두교는 물론 다른 불교적 세계관과 어떻게 다른지 분명하지 않은 경우가 많다.

그러나 적어도 대중들이 이해하고 있는 불교적 세계관의 공통점은 힌두교의 경우와 동일하다. 그것은 죽음 후의 새로운 삶의 존재에 대한 믿음, 그 미래의 삶과 현재의 삶 사이에 존재하는 윤회적 관계로 결정되는 다음 번 삶의 운명에 대한 믿음, 그리고 삶이 궁극적으로 고통이라는 인식과 그것이 논리적으로 동반하는 삶의 궁극적 목적이 삶과 죽음의 무한정한 연기적 고리를 끊고 다시는 영원히 태어나지 않는 데 있다는 절대 허무주의적이고 염세적인 인생관이자 형이상학적 세계관이다.

이러한 세계관과 인생관은 초월적인 의인적 존재를 전제하지 않고, 인격적인 초월적 존재 즉 신들의 숭배와 그들에게 자신의 소원성취를 도와 달라는 요청으로서의 기도를 필요로 하지 않는 무신론적·탈의인적 즉 철학적 세계관이다. 이런 점에서 철학적 힌두교는 철학적 불교와 마찬가지며, 가장 전형적 종교인 유대·기독·이슬람적 세계관과 전혀 다르다. 이런 점에서 불교는 종교적 힌두교와는 물론 철학적 힌두교와도 사뭇 다르다. 중국, 한국, 일본에서 발달한 선불교禪佛敎에서는 더욱 분명하다.

불교가 '진리'를 깨달은 한 인간으로서의 석가모니가 무지몽매 때문에 방황하고 그 결과로 고통 받는 무릇 인간들에게 그러한 고통으로부터 해방되기 위한 가르침이며 그 내용이 사성제 팔정도라면, 죽음 뒤 알게 될 신비로운 초월적 세계에서만 들을 수 있는 진리가 아니다. 또한 사성제 팔정도의 언어가 소수 철학자들만이 알아들을 수 있는 현학적인 형이상학적 언어가 아니라, 어떤 대중이든 누구나 알아듣고 이해할 수 있는 일상적 언어인 것은 자연스럽고도 당연하다.

그렇다면 사성제 팔정도가 주장하는 네 가지 진리란 대체 무엇인가? 그 메시지는 아주 평범하고도 간단명료하다. 그것은 인간의 삶을 반성함으로써 터득한 아주 뻔하지만 생각할수록 깊은 진리이다. 첫 번째 진리인 고苦는 삶은 고통이라는 사실이며, 두 번째 진리인 집集은 그 고통에는 반드시 원인이 있다는 사실이며, 세 번째 진리인 멸滅은 고통은 그 원인을 제거함으로써 해결할 수 있다는 진리이다. 신비롭거나 심오하게 느껴지는 주장들이 결코 아니다. 그러나 이 간단하고 보편적인 진리를 망각하고 있었다는 데 우리의 문제가 있다. 그러므로 우리는 그 진리들을 깨달아야 한다.

'사성제 팔정도'는 여기에 그러한 진리를 깨달을 수 있는 다음과 같은 방법론으로서의 네 번째 진리로 정립된다. 정견正見·정사유正思惟·정어正語·정업正業·정명正命·정정진正精進·정념正念·정정正定이라는 여덟 가지 방법이 네 번째 진리의 내용이다. 방법론으로서의 네 번째 진리의 내용은 아주 간단하다. 그것은 한마디로 압축해서 말하자면, 언제나 정신을 차려서 지적으로나 도덕적으로나 이성적으로 생각하고 행동하며, 언행을 올바르고 단정하게, 그리고 잘못이 있으면 언제든 고쳐가면서 살아야 한다는 것이다. 불교를 소개하는 대부분의 학교 교과서에는 그렇게 쓰여 있다. 실제로 논리적으로 맞는 말이고, 21세기 첨단 과학 문명에 비추어 볼 때 더욱 그렇다. 불교적 진리가 종교적이기보다는 철학적이고, 철학적이기보다는 더 과학적이기 때문이다.

하지만 아무리 그렇다 해도, 만약 불교의 가르침이 사성제 팔정도로만 완전히 이해되었다면, 불교는 오늘과 같이 동양의 전역에서 2,000년 동안 그 많은 신도를 갖고 사회적·문화적·정신적 차원에서 그렇게도 깊은 영향을 주지 못했을 것이며, 20세기 이후부터는 서양에까지 종교적 및 철학적 차원에서 우리가 목격해 온 것만큼의 큰 영향을 미치지 못했을 것이다. 왜냐하면 축어적으로 볼 때 사성제 팔정도가 보여준 관심이 실용적이며 세속적이고, 그것에 나타난 주장의 논리가 극히 단순해서 형이상학적이거나 종교적이라고 말하기에는 너무 상식적이기 때문이다.

그럼에도 불교의 형이상학으로나 종교적인 의미를 모든 교인이나 학자들이 가졌다면, 단순해 보이는 사성제 팔정도의 뒤에 인간의 지적 및 감성적 마음속 깊은 곳에 종교적 혹은 형이상학적 명제가 실제로 전제되어 있거나 아니면 있는 것으로 보아 왔기 때문일 것이다.

실제로 그렇다. 긴 역사를 통해서 수많은 파로 갈라지고 각

파마다 조금은 다르지만, 불교는 근본적으로 종교이기에 앞서 형이상학적 세계관이다. 불교의 이와 같은 특징은 4세기 중국에서 극히 지적인 형이상학을 바탕으로 하고 있지만 교육이 없는 일반 대중도 이해할 수 있는 간결한 언어로 형이상학적 내용을 설파한 선불교에서 분명하게 드러난다. 가령 한 예로 '색즉시공 공즉시색色卽是空 空卽是色'과 같은 잘 알려진 명제를 들 수 있다. 만약 위와 같은 불교의 형이상학적 콘텐츠가 없거나 전제되지 않았더라면 불교가 오늘날과 같은 꽃을 피울 수는 없었을 것이며, 이미 오래전에 일종의 미신, 무교로 치부되어 사라졌을 것이다.

그리고 위와 같은 불교의 형이상학적 내용은 앞에서 언급했듯이 철학적 힌두교의 형이상학적 세계관과 거의 일치한다. 이런 점에서 불교는 인도에서 반힌두교적이라는 이유로 거의 추방되었지만 형이상학적 차원에서는 힌두교적 세계관의 연장으로 이해할 수 있다.

세계관의 형이상학적 차원에서 볼 때 힌두교와 불교의 관계는 16세기 서양 종교사의 내부적 전개 과정에서 구교 가톨릭교와 신교 프로테스탄트 간에 있었던 갈등적 관계와 유사하다. 구교가 특수 계급인 귀족적 종교였다면 신교는 대중적 서민의

종교였듯이, 불교는 힌두교와 달리 가난하고 무식한 서민 대중
도 접근할 수 있는 종교였다.

하느님의 존재에 대한 신앙을 바탕으로 내세에서 희망과 구
원의 메시지를 전달함에 있어서 가톨릭이 교회·교리 학습·사
제들 등의 매개 체제의 필요성을 요구하는 데 반해서, 신교가
그런 요구를 부정하고 개개인이 직접 하느님과 접촉해서 구원
을 받는다고 주장한 것과 유사하게 복잡한 과정과 절차를 거쳐
서만 해탈할 수 있다는 힌두교와는 달리, 마음을 닦고 내면적
으로 부처가 말하는 깨달음에 도달하면 누구나 삶의 아픔으로
부터 해방되고, 다음 세상에서 극락을 누리고 살 수 있다는 것
이 불교의 메시지이며, 그러한 메시지가 모든 일반 대중에게
매력적이었다는 것이다.

요컨대 불교는 세상과 인생에 관한 근본적 진리를 깨달았다
는 하나의 인간이 몽매한 중생들에게 전해 준 심오한 가르침이
고, 그 가르침의 본질이 사성제 팔정도라는 명제로 요약되며,
그 밖의 수많은 신화적·마술적·초월적이며 종교적인 이야기
들은 보기에 아주 평범하고 상식적인 가르침인 사성제 팔정도
를 대중들의 마음을 불교적 세계관 속으로 끌어들이려는 방편
으로 볼 수 있다는 말이다.

하지만 앞에서도 말했지만 내 생각은 좀 다르다. 만약 불교가 이해하기 어렵고 현학적이기도 한 종교적이며 형이상학적인 요소를 그 밑바닥에서 발견하거나 상상적으로 인정하지 않았더라면, 불교는 오늘과 같이 세계적으로 가장 신도를 많이 갖고 있는 종교들 가운데 하나인 종교적 세계관으로 성장하지 못했을 것이다. 왜냐하면 모든 인간은 본성적으로 과학이 경험과 순수한 이성을 통해서 설정할 수 있는 속세적 형이상학의 차원을 뛰어넘어 초월적·신비적·의인적인 이성만으로 설명할 수 있는 종교적 세계 및 신비적 세계를 갈구하기 때문일 것이다.

구체적인 불교사 특히 선불교사에 빠지지 않는 '색즉시공 공즉시색色卽是空 空卽是色' —즉, 실제의 세계와 환상의 세계는 근본적으로 동일하다— '유즉시무 무즉시유有卽是無 無卽是有' —즉, 있음은 곧 없음이며, 없음은 곧 있음이다—혹은 '일즉일체 일체즉일一卽一切 一切卽一' —즉, 하나는 전체이고, 전체는 하나다—혹은 "존재의 본질은 '공空, shunyata'이다"라는 존재론적 일원론, 그리고 순간적 직관에 의한 '깨달음 enlightenment'으로서의 인식 혹은 '해탈解脫, moksha'으로서의 궁극적 가치관에 관한 명제들은 그러한 구체적 사례들로 뒷받침되며, 이런 점에서 불교는 근본적인 차원에서 그것의 모체였던 힌두교적 형이상학과 근본적으로 동일하다.

그렇다면 위와 같은 명제들의 구체적인 의미를 해석하고 검토해 보자. 필자가 보기에 불교의 가장 핵심적인 사상은 첫째, '공空'이라는 일원론적 존재론, 둘째, '직관적 깨달음'이라는 인식론, 셋째, '해탈'이라는 가치관으로 요약된다.

첫째, 우리들의 감각에 삼라만상처럼 확실한 실재는 없다. 세계에 관한 우리들의 모든 인식과 세계 안에서의 우리들의 행위는 삼라만상의 실재성에 기초한다. 힌두교는 고대 그리스의 플라톤이 그러했던 것과 마찬가지로 삼라만상은 환영illusion 즉 실재가 아닌 '헛것'으로 취급하고, 또한 실재하는 것은 감각적으로는 인식할 수 없는 '이데아'들이라고 주장했던 것과 마찬가지로 불교는 공空 즉 아무것도 인지할 수 없는 '빈 것void', 사라져서 보이지 않는 '부재/공空, emptiness', '무無'로서 존재하는 것만이 실재한다고 주장한다. 불교에서 말하는 '공' 즉 '부재', '무'는 힌두교에서 말하는 환상이 아니라 '형이상학적 실재'의 별명에 지나지 않는다. 이러한 역설은 감각적으로 식별할 수 있는 것은 필연적으로 언제나 변하며 언젠가는 소멸하게 되는 만큼 객관적으로 '존재'한다고 할 수 없다는 논리에 근거한다. 감각 대상인 삼라만상은 있음으로써 없고, '공' 즉 지각적 인식의 밖에 존재함으로써 형이상학적으로 존재한다.

그렇다면 만약 실재하는 것은 어느 것들과도 차별할 수 없는 '단 하나'로서만 존재하는 만큼 그 단 하나의 존재로서의 세계를 특정한 '무엇 즉 특정한 x' 혹은 '무엇 y'라는 범주 속에 분류하여 서술한다는 것은 논리적으로 불가능하다. 한마디로 불교적 세계관은 일원론적 형이상학일 수밖에 없다.

일원론적 세계관에서는 나와 너, 자연과 인간, 삶과 죽음, 기쁨과 아픔의 경계는 사라지고, 우리는 모든 걱정으로부터 자동적으로 해방되어 평화와 침묵 속에서 영원한 축복을 누리게 된다. 힌두교와 불교의 일원론적 형이상학은 우리들에게 적어도 관념적으로 평안한 세계관을 제공한다.

'공' 즉 '비어 있는' 한해서만 형이상학적 전체로서의 우주는 존재한다는 것이다. 힌두교나 불교는 형이상학적 무엇 혹은 우주 전체에 관한 허무주의가 아니라 오히려 낙관주의적 세계관이다. 우주의 삼라만상이 개별적으로 분리되어 있는 것이 아니라, 동일한 하나의 실체의 다양한 양태나 측면에 불과하다는 것이다. 그것은 인식 주체로서의 의식과 그 대상, 한 인간의 몸과 마음은 데카르트의 경우처럼 형이상학적으로 서로 다른 것이 아니라 동일한 것이며, 따라서 의식 주체로서의 인간과 그

인식 대상으로서의 개별적 삼라만상은 물론 단 하나의 실체로
서의 우주 전체와의 거리, 소외감이 있을 수 없음을 뜻한다. 따
라서 이러한 사실을 깨달을 때 인간은 언제나 그리고 어느 상
황에서나 우주 속에서 존재론적으로 '편안할 수at home 있다'
는 것이다. 더러운 연못 속에서도 연꽃이 깨끗하게 피고, 석불
石佛들의 표정이 언제나 아이 같은 웃음을 띠고 있는 것은 우연
이 아니다.

둘째, 불교 특히 선불교는 어떤 언어로도 표현할 수 없는 언
어 이전의 '깨달음'의 인식론을 주장한다. 대상의 본질 인식은
어떤 구두로나 문자로나 언어로 표현할 수 없다는 것이다. 불
교를 믿는 이들 특히 선불교를 실천하는 이들은, 어느 순간에
어떠한 화두話頭 혹은 공안公案이라는 해탈에 도달하는 '말도
안 되는 말의 테크닉'이 있는 것으로도 알 수 있듯이, 말로도 표
현할 수 없는 깨달음을 얻고 자신의 내면적 세계에 일종의 천지
개벽과 같은 변화가 일어나고 자신의 삶에 무한한 평화와 기쁨
이 찾아옴을 체험한다는 말을 끊임없이 말하고 글로 쓴다.

그렇다면 그 깨달음의 내용은 구체적으로 무엇인가? 만일
많은 명상과 수도를 통해서 그러한 깨달음의 경지에 누군가가
도달했다고 하면, 그러한 사실의 증거를 어디서 찾을 수 있느

냐는 물음이 나오지만, 나는 이런 물음에 대한 대답을 들어보거나 그러한 징조를 목격한 적이 단 한 번도 없다. 이러한 문제는 나에게만 한정된 것이 아닌 것 같다. 만약 그러한 깨달음이 '사성제 팔정도'로 진술된 불교의 핵심적 진리의 논증을 이해하고, 그 결론에 납득됨을 의미한다면, 그러한 뜻으로의 깨달음은 누구라도 쉽게 도달할 수 있다.

'사성제 팔정도'의 가르침은 우리 고통의 원인이 우리의 외부에 있는 것이 아니라 우리가 내부에 갖고 있는 끝없는 자신의 욕망과 욕심의 집착에 있고, 그러한 집착은 실제로는 있지도 않은 '나'라고 부르는 '자아'가 불변하는 실체가 아니라 선불교, 불교 일반 그리고 현대 과학이나 철학이 말하는 '공', 즉 고정된 실체가 아닌 헛것이라는 것을 이성적으로 깨달음으로써 완전히 풀릴 수 있음은 너무나 자명하다. 그런데도 불교적 깨달음이 위와 같이 설명될 수 있다면 불교적 인식론은 '말로 표현할 수 없다'는 말만으로 대답을 회피할 수 있다.

셋째, 불교는 힌두교의 경우와 마찬가지로 해탈, 즉 일종의 형이상학적 자기해방, 더 극단적으로 말해서 절대소멸이라는 철저한 형이상학적 허무주의적 부정적 가치를 최고의 가치로 삼는다. 이러한 가치관은 힌두교의 형이상학적 세계관에 전제되었던 만물의 연기緣起적 윤회 메커니즘에 의한, 니체가 말하는 영원회귀 사상 그리고 유물론적 형이상학에 전제되어 있다.

그렇다면 불교의 밑바닥에 있는 세계관을 어떻게 대해야 하는가라는 문제가 나온다. 힌두교는 물론 불교의 밑바닥에도 암암리에 깊이 깔려 있는 복잡한 형이상학적 이론들은 인간이 부딪치는 형이하학적 여러 가지 지적 갈등과 생물학적 욕망과 현실 사이의 간극에서 도출되는 갈등을 설명하고, 그런 설명의 틀에서 해결을 찾고자 하는 잠재적 요청에 의해서 만들어진 개념적 장치로서의 픽션이라고 생각된다. 그리고 인간의 궁극적 욕망은 흔히 생각하는 바와는 달리, 생물학적 생명의 무한 연장이 아니라 무한히 반복적인 삶 자체, 더 정확히 말해서 자의식으로부터의 해방 즉 탈출이라고 생각한다.

이런 점에서 불교는 힌두교와 마찬가지로 본질적으로 허무주의적이지만 우주적 차원에서 세계와 인생을 정직하게 본 사상이라고 생각한다. '존재-의미 매트릭스'의 잣대로 볼 때, 의미 차원에서 탈피하여 존재 차원에 머물려는 욕망의 표현이라고 볼 수 있다. 불교는 힌두교와 마찬가지로 의미 차원에서 해방되어 가능하면 존재 차원의 한계선에서 충족 불가능한 절대적 침묵, 절대적 평화를 경험하고자 하는 인간의 모순된 욕망의 표현이라고 볼 수 있다.

그러나 그러한 욕망은 모순된 것이므로 실현 불가능한 어불성설이다. 힌두교가 그러했듯이 불교는 객관적 우주의 그림이 아니라 인간 의식의 심층에 깔려 있는 근본적인, 그러나 논리적으로 실현 불가능한 소망의 표현에 가깝다. 세계관의 내재적 지향과 의도에 관한 위와 같은 심층심리학적 진단은 비단 불교나 힌두교, 도교나 유교와 같은 철학 사상, 유대·기독·이슬람 등과 같은 종교들에만 해당되지 않고 모든 종류의 종교, 한 걸음 더 나아가서 마르크스주의를 비롯한 모든 이념들에도 다 같이 적용된다.

4) 자연주의적 세계관으로서의 도교와 유교

힌두교와 불교가 서부아시아 대륙 인도에서 생겨난 한 쌍의 위대한 아시아적 세계관이라면, 노장 사상으로서의 도교와 공맹 사상으로서의 유교는 동북아시아의 위대한 세계관들이다.

힌두교가 불교에 비해서 상대적으로 철학적이기보다는 정신분석학적이며 종교적이고 비의秘擬적이며 신화적이고 귀족적이며 형이상학적인 데 반해서, 불교는 상대적으로 종교적이기보다는 철학적이고 상식적이며 대중적이고 현실주의적인 사상이라고 말할 수 있다. 위와 같은 비교를 통해서 인도의 두 사상인 힌두교와 불교가 각각 보다 잘 이해될 수 있다면, 똑같은 방식에 따라 인도 사상과 중국 사상 각각의 특징은 물론 중국이 창조한 도교와 유교라는 두 위대한 사상들 각각의 특징도 한결 잘 이해될 수 있을 것이다.

인도의 두 사상인 힌두교와 불교가 중국의 두 사상인 도교와 유교에 비해서 상대적으로 더 종교적이고 형이상학적이라면, 도교와 유교는 상대적으로 더 현세 지향적이고 자연 중심적이라고 말할 수 있다. 그리고 다 같이 중국 사상이지만, 도교가 자연 중심적인 형이상학적 세계관이라면, 유교는 인간 중심적인 윤리학이자 사회철학으로 규정할 수 있다.

또한 유교가 동물로서가 아닌 인간으로서 살기 위한 개인적 차원에서의 수신을 통한 도덕적 규범과 사회적 차원에서의 사회적 조화를 위한 인위적인 윤리적 질서의 중요성을 염두에 둔 규제적 즉 보수적 그리고 인간 중심적 사상인 데 반해서, 도교는 인간을 포함한 대자연 즉 우주의 근원적 작동 원리로서의 道에 인간의 사유와 행동의 조율을 통한 자연과의 조화를 삶의 철칙으로 삼을 것을 강조한다. 도교가 '자연'이라고 부르는 우주적 원리를 인간적 삶의 원리로 삼을 것을 강조하는 점에서 인간의 도덕성과 사회의 질서만을 강조하는 유교에 비해서 상대적으로 초월적이고 호방하며 따라서 더 종교적이다.

그리고 바로 이런 이유에서 도교는 유교와 달리 힌두교와 불교, 유대교·기독교·이슬람교와 같은 종교적·형이상학적 세계관과 비교될 수 있다. 오로지 이런 이유에서 동양의 철학적 세계관만을 검토하는 이 자리에서는 유교에 대한 언급을 더 이상 하지 않고 도교적 세계관만을 다루어 보기로 한다.

도교는 우주만물의 근원적이자 원초적 즉 문화적 즉 인위적인 것과 대치되는 자연적 원리로서의 도道를 중심으로 한 노장 사상이며, 노장 사상은 장자에 의해서 보다 잘 설명되고, 동아시아는 물론 오늘날에는 전 세계에서 동아시아적 사상의 정수精髓를 상징하는 대표적 사상으로 알려져 수십억 사람들의 마음을 매료하고 있기 때문이다.

그렇다면 도교의 세계관은 어떻게 정리될 수 있는가? 중국의 위대한 두 사상 체계인 형이상학적 자연철학인 노장 사상을 '도교'라 하여, 인륜적 사회철학인 '유교' 혹은 12세기 송宋나라의 유학자 주희朱熹와 16세기 한국의 유학자 이퇴계가 성리학性理學이라 부르던 공맹 사상과 차별되지만, 두 세계관들의 핵심이자 뿌리에는 다 같이 '도道'라는 개념이 존재한다. 유교의 핵심을 차지하는 모든 도덕적 가치와 윤리적 규범이 중요한 이유는 삼라만상이 종교적으로도 숭고한 보편적 질서로서의 '도'에 근거하기 때문이라는 것이다.

도교의 핵심인 '도'는 도대체 무엇을 뜻하는가? '도'라는 개념은 노자나 공자가 만들어 낸 것이 아니다. 그들이 태어나기 약 5세기 전에 이미 문자로 기록된 저자 불명의 고전 텍스트 가운데서 가장 철학적 텍스트의 하나인 『주역周易』에 자연적·사회도덕적 존재의 원천과 질서에 관한 형이상학적 창세기에 관한 명제가 나온다. 이런 점에서 『주역』은 기독교가 믿는 『구약』의 창세기에 해당된다.

『주역』은 우주 삼라만상의 모든 작동 원리를 음陰과 양陽이라는 부정적이자 긍정적, 소극적이자 적극적 상반되고 모순되는 두 힘들 간의 부단한 상호작용으로 파악하고, 『주역』 첫머리에 다음과 같이 기록하고 있듯이 우주 전체의 위계질서를 천天 ― 성性 ― 도道 ― 교敎라는 순서로 층위를 나누어 다음과 같이 설명한다. "하늘天이 명한 것을 성性이라 하고, 성에 수반하는 것을 도道라 하며, 도에 수반하는 것을 교敎라 한다. 즉 천

명지위성天命之謂性, 졸성지위도率性之謂道, 수도지위교修道之謂
敎"라는 것이다.

　여기서 '천天'은 서양 종교가 전제하는 우주 창조자 즉 우주
의 모체로서의 유일신에 비유할 수 있으며, '성性'은 '이理'라고
말하는 우주 삼라만상의 물리학적 자연의 보편적 법칙에 해당
되며, '도道'는 우주의 성 즉 이 우주의 작동 원리에 맞는 인간
의 실천적 행동 '규범', 다시 말해서 따라가야 될 '길'을 지칭
하고, '교敎'는 도를 따라가는 것을 배우는 과정을 뜻한다. 인
간으로 존재함이 곧 끊임없이 어떤 구체적인 행위를 함을 의미
하고, 구체적인 행위를 함이 다양하게 가능한 행위들 가운데
하나를 선택함을 의미한다면, 문제는 선택의 잣대가 무엇인가
를 알아내는 일이다. '도'가 바로 그런 문제를 푸는 대답이라
고 노자는 대답한다.

　그렇다면 '도'라는 말을 보다 구체적으로 무엇으로 정의해
야 하며, 어떻게 이해해야 할 것인가? 노자는 '도'를 우주 모
든 것의 태초적 원리로서의 자연과 동일시함으로써 사람이 만
든 법칙의 근거인 땅의 법칙보다도, 땅의 법칙의 근거인 하늘
의 법칙보다도 더 상위에 있는 형이상학적 시원적 우주 질서의
원리로서의 자연으로 규정하고, 가장 바람직한 행동·인생·사

회는 언제나 다 같이 자연의 법 즉 형이상학적 의미로서의
'도'와 조화를 갖는 것이라고 주장한다. 달리 말해서 '도'는
'자연스러움'과 동일한 의미를 갖는다.

> 유물혼성有物混成 선천지생先天地生……. 독립불개獨立不
> 改 가이위 천하지모可以爲 天下之母 오불지기명吾不知其名
> 자지왈도字之日道……. 인법지人法地 지법천지法天 천법
> 도天法道 도법자연道法自然.
> 여기에 하나의 물이 있는데 뒤섞여 이루어져 천지에 앞서
> 생겼다……. 독립하여 불변이고 널리 행하여 위태롭지 않
> 다. 따라서 천하의 어머니라고 할 만하다. 나는 그 이름을
> 모르나 그의 자字를 도道라고 한다……. 사람은 땅에 본받
> 고, 땅은 하늘에 본받고, 하늘은 도에 본받고, 도는 자연에
> 본받는다. ─『도덕경』제25장

　맞는 말이라고 하자. 하지만 아직도 큰 문제가 남아 있다.
만약 '도'가 자연의 통칭이요 자연이 산천초목과 삼라만상을
총칭하는 말이라면, 자연을 거울삼아 모든 행동과 생각을 '자
연스럽게' 하며 사는 것이라면, 그것은 구체적으로 어떤 방식

의 생각과 행동을 뜻하는가?

이런 물음에 대한 구체적인 대답이 없는 한 '도'에 관한 노자의 설명은 공허하며, 아무 의미도 없고 따라서 우리가 어떤 행동을 선택하는 데 아무 도움이 되지 않는다. 그의 대답 즉 그의 가르침은 우리들을 막막한 오리무중 속에 남겨 둘 뿐 우리가 살아가는 데 아무런 도움도 되지 않으며, 하나의 세계관·인생관으로서 아무 기능도 하지 못한다.

자연이 삼라만상의 통칭이라면 자연스럽게 행동하고 살아간다는 것은 하늘을 떠다니는 구름처럼, 이 나무 저 나무로 날아다니는 새들처럼, 소리 없이 흐르는 강물처럼, 말없이 거기우뚝 선 산처럼, 멋대로 사는 동물처럼, 꾸물거리는 버러지처럼 살라는 말인가? 문제는 우리 인간은 그러한 것들처럼 의식이 없지도 않고, 초목이나 버러지, 개나 소처럼 본능에만 따라살 수 없고, 언제나 자신의 행동을 여러 가능한 것들 가운데에 하나만을 자유롭게 골라 선택해야 하기 때문이라는 데 있다.

이러한 비판에 대해서 노자는 다음과 같이 대답할지 모른다. 삼라만상 가운데 모든 의식과 생각도 그 어떤 것도 완전히 언어로 표현할 수 없으며, 중요한 진리 즉 '도' 혹은 '자연'이라 부르는 것들은 더욱 어렵다고 말할 것이다.

노자는 자신의 위대한 저서 『도덕경』의 첫 줄을 "도가도道可道 비상도非常道", 즉 "도를 도라고 말할 수 있는 것은 도가 아니다"라고 썼다. 그리고 무명은 천지의 시작 즉 '무명천지지시無名天地之始'라고 선언함으로써 도대체 '도' 즉 '자연'을 어떻게 정의할 수 있느냐라는 개념적 즉 언어적 물음에 대해서는, 삼라만상에 비해서 그것을 표상하는 모든 언어의 본래적 한계를 지적함으로써 그러한 물음을 원천적으로 차단한다.

언어의 위와 같은 근원적 한계, 즉 결함에 관한 생각은 도교의 전유물이 아니라 힌두교 및 불교의 역설적인 형이상학적 세계관과 지적 인식의 절대 한계와 언어의 근원적 미흡성에 관한 지적으로 동양적 사유와 시적 및 종교적 사유에서 두드러지게 나타난다.

그러나 그것은 힌두교나 불교 그리고 도교의 전유물도 아니다. 그것은 고대 그리스의 파르메니데스·플로티누스, 프랑스의 베르그송 등의 서양 철학자들, 수많은 동서의 신비주의자들과 시인들이 지적했던 것이고, 20세기 초 "말할 수 없는 것에 대해서는 침묵해야 한다"라고 언급한 비트겐슈타인, 21세기 후반 "사물 자체가 기호이다"라고 선언한 데리다에서도 분명하지만, 그래도 누구보다도 먼저 그리고 명석하게 그러한 존재론과 언어관을 천명한 사람은 노자이다.

노자의『도덕경』제1장을 편의상 다음과 같이 a), b), c) 세 명제로 압축하여 우선 그 하나하나의 의미를 해석하고, 그 다음으로 그 세 명제들 전체의 철학적 의미를 비판적으로 도출해 보자.

a) 도가도비상도 명가명비상명道可道非常道, 名可名非常名 : 도를 도라고 말할 수 있는 것은 도가 아니다.

b) 무명천지시 유명만물지모無名天之始 有名萬物之母 : 무명은 천지의 시작이요 유명은 만물의 어머니다.

c) 차양자 동출이이명 동위지현此兩者 同出而異名 同謂之玄 : 이 양자는 같은 근본에서 나왔으나 그 이름을 달리한다. 이것을 한 가지로 말할 때 현이라 한다.

명제 a)는 노자의 가장 심오하고 신선하며 깊은 철학적 명제로 잘 알려져 있다. 이 명제는 의식과 그 대상, 의식과 인식, 인식과 언어 간에 존재하는 한편으로는 개념화된 즉 해석된 해석 언어이자 언어를 개입시켜 다른 존재·현상·사물들과 구별하여 필연적으로 떼어야만 하고, 그와 동시에 다른 한편으로는 역시 필연적으로 뗄 수 없는 상호간의 관계에 관한 것이다.

'도'라고 일반 사람들이 이야기하는 객관적 하나의 인식 대상, 객관적 개별적 존재·현상·사물을 '도'라는 낱말 즉 언어로 부르는 순간 그것은 이미 언어로 인식되고 해석되기 이전의 모습 즉 원초적 존재·현상·사물이 아니라는 사실이다.

그렇다면 엄청나게 신선하고 심오한 새로운 철학적 발견같이 보이는 노자의 이 명제는 "언어와 언어가 지칭하는 것은 논리적으로 그리고 원초적으로 다르다"라는 사실을 의미하는 것이고, 그러한 명제는 우주의 무엇인가에 대한 어떠한 새로운 정보가 아닐 뿐만 아니라 그러한 내용을 갖는 새로운 존재·현상·사물의 발견은 더군다나 아주 뻔한 논리적 동어반복에 불과하다.

이런 점에서 볼 때 만약 노자의 철학적 명성이 바로 위와 같은 명제에 근거한다면, 그에 대한 평가는 과장이거나 그런 평가의 근거는 허상에 불과하다 할 것이다. 그럼에도 불구하고 이 명제가 신선하고도 심오하게 보이는 것은 지금까지 절대 다수의 일반 사람들은 물론 대부분의 많은 철학자 그리고 특별히 전문적인 언어철학자들까지도 존재·의식·인식 그리고 언어 사이에 존재하는 위와 같은 관계를 명확히 깨닫지 못하고 있었기 때문이며, 인간 대중의 이러한 우매성은 앞으로도 크게 달라지지 않을 것이기 때문이다.

이러한 사실은 필자가 제안하는 '존재-의미 매트릭스'라 이름을 붙인, 자연과 인간 간에 무한히 다양한 스펙트럼을 갖는 관계를 측정하는 보편적 잣대에 비추어 그 의미가 좀 더 잘 설명될 수 있다.

명제 a)를 둘러싼 위와 같은 문제는 그의 두 번째 명제 b)에 비추어 분명해지고, 그가 정말 '위대한 철학자'임이 잘 드러난다. 명제 b) 가운데 두 번째 명제 "유명만물지모有名萬物之母, 즉 이름은 만물의 어머니다"라는 주장이다. 우주는 빈 그릇이 아니라 삼라만상의 집합체이다. 우리들은 우리가 지각하고, 경험하고, 사유하는 인간이 어떤 존재들에 어떤 이름을 붙여 의식하고, 다른 것들과 구별하여 각각 특정한 무엇 무엇으로 인식하고 서술하는 것들은 우리가 그렇게 하기 이전부터 객관적으로 즉 우리들의 인식이 활동하기 이전부터 그렇게 있는 것, 그냥 발견된 것이 아니라 우리들의 눈 그리고 기타의 감각 기관 및 사유 구조에 맞추어 개념적으로 구성한 일종의 건축학적 구조물에 의해서 차별화되어 만들어진 것이라는 놀라운 사실이다.

이러한 사실은 인간에게는 인간의 언어를 통해서 만든 세계가 있고, 모든 생물체들은 각각 자신의 생물학적으로 주어진 나름대로의 인지 기능 구조에 의해서 그것들 자신에게 적합한 세계를 일구고 살 것이라는 추론을 세워도 무방하다. 동일한 인류의 경우에도 시대와 장소, 역사적·자연적·문화적 배경에 따라 각각 다른 세계를 구성하고 그 속에서 살아감을 의미한다. 이러한 사실은 인간의 경우 고정되고 객관적인 세계라는 개념은 아무 내용도 없으며 상대적 허구임을 함축한다.

위와 같이 고찰할 때 존재와 인식, 의식과 언어, 전체와 부분, 물질과 정신, 육체와 마음, 개구리와 두꺼비, 인간과 침팬지, 호랑이와 사자, 초록색과 하늘색 등등 간의 차이는 우주 전체의 틀에서 볼 때 피상적인 것이고 근원적으로 동일한 틀의 다양한 모습에 지나지 않는다는 것이다. 이런 점에서 도교는 앞에서 본 대로 힌두교나 불교와 마찬가지 일원론적 형이상학으로 깔고 있고, 그러한 형이상학은 근본적으로 그리고 대체로 이원론적 형이상학을 깔고 있는 서양 사상과 대립되는 특징을 보여준다.

실재와 환상, 진리와 허위의 구별은 인간을 비롯한 모든 동물에게 절대적으로 우선하는 생존 조건이다. 그러한 분별 능력

없이는 독물과 양식, 적과 동지를 구별할 수 없기 때문이다. 그러므로 궁극적 실재의 발견과 명제의 진리 판단의 문제가 종교적·철학적·과학적 세계관에서 가장 핵심적인 것이었던 것은 우연이 아니다.

라이프니츠Gottfried Wilhelm von Leibniz의 무한수에 가까운 모나드單子적 우주로 구성된 다원론적 세계관을 제외하면 모든 세계관은 대체로 일원론 아니면 이원론적 세계관이다. 세계는 하나 아니면 두 가지 서로 섞을 수 없는 형이상학적 속성을 갖는 것들로 구성되어 있다는 것이다. 서양의 유대·기독· 이슬람으로 대표되는 종교와 고대 그리스의 철학을 대변하는 플라톤, 근대 서양 철학의 시조 데카르트의 세계관이 이원론적인데 반해서, 고대 인도에서 탄생한 힌두교·불교와 고대 중국에서 태어난 도교로 대표되는 동양의 형이상학적 세계관은 일원론적이다.

이런 전통적 동양의 형이상학적 세계관은 한편으로는 『우파니샤드』 경전에 바탕을 둔 힌두교와, 부처와 그의 수많은 제자들에 의해서 동아시아에 와서 크게 간소화된 형이상학적 가르침으로서의 불교, 다른 한편으로는 고대 중국의 대표적인 경전의 하나인 『역경易經』에 바탕을 둔 노장의 도교에서 가장 뚜렷하게 나타난다.

동양의 이러한 전통적 세계관의 특징은 힌두교 및 불교가 말하는 '환상' 혹은 '공' 등의 개념들, 또는 노자가 말하는 '도' 혹은 '무'라는 부정적 낱말들의 사용에서 분명히 드러난다. 동양적 세계관에 의하면 우주의 삼라만상 즉 모든 사물·현상·사실·의식들 즉 우리의 일상적 다수의 경험 대상들은 실재reality 즉 있음being이 아니라 '환상·헛것·허상' 즉 '있는 것이 아니라 없는 것'이라는 것이다. 세상에는 우주와 우주 안에서 우주를 생각하고, 그러한 생각을 이야기하는 사실까지도 없다는 사실이 허상 즉 없다는 자기모순적 주장을 편다.

그리고 고대 인도인과 중국인, 오늘날 많은 철학자들을 포함해서 수많은 대중들이 그러한 주장들, 동양적 세계관을 아주 심오한 진리라는 매력적인 표현에 감탄하고 감격해 왔다. 또 현재도 그렇다. 분명히 자기모순적이고 말이 되지 않은 말임에 틀림없지만 그 모순 속에 깊고 깊은, 상식과 논리를 초월한 어떤 더 심오한 진리가 반드시 들어 있을 것이라는 막연한 생각에서 사람들은 빠져나오지 못하고 있다. 그렇지 않다면 힌두교·불교·도교가 오늘날까지 많은 사람들의 마음을 사로잡는 사실을 설명할 수 없다.

도대체 이 같은 동양적 세계관이 우주·자연·세계·인간에 관해서 이야기하고자 하는 것은 무엇인가? 환상·허상·공·무· 허 등의 개념들을 동원하여 우리가 무지의 어둠 속에서 반만 년, 아니 만 년 이상을 미처 깨닫지 못하고 있는 어떤 사실 혹 은 진실들을 말하고 보여주려고 하는 것인가?

　궁극적이며 총체적인 우주에 관한 힌두적 이야기 속에는 고 대 그리스의 신화들 속에서와 같이 수많은 신화적 인물들이 우 글거리고 있다. 구체적인 한 인간이 가시적인 몸과 비가시적인 마음으로 구성되어 있듯이 삼라만상의 총체적 명칭인 우주를 인간의 몸통에 해당하는 존재·실재인 브라만이라 부르고, 그 의 비가시적인 중심에 있는 마음에 해당하는 것을 범아梵我라 부르며, 각 개인의 몸을 소범천小梵天이라 하여 소범아小梵我라 불렀다.

　그러나 우주에 우글대는 수많은 인도의 신화적 인물들은 그 리스의 신화적 인물들과 마찬가지로 수사학적 차원에서 상상 한 우화적 은유나 테크닉으로 이해할 수 있다. 서양 문화를 대 변하는 유럽과 미국을 지배해 온 유대·기독·이슬람의 세계관 이 원칙적이고 근본적으로 초월적·이원적·신화적·의인적이 라면, 인도와 중국을 중심으로 한 동양의 세계관을 대변하는 인도의 힌두교·불교와 중국의 유교는 물론 도교적 사상은 세속적·일원론적·논리적·자연주의적이었다.

서양의 종교적 우주관이 서로 절대 섞일 수 없는 두 개의 세계로 분리되고, 플라톤의 철학이 오로지 지적 직관으로만 포착할 수 있는 가지적intelligible인 이데아라는 관념적 실재와 감각적으로만 경험할 수 있는 감각적sensible인 세계 간의 절대적 차이를 전제하고 가지적 이데아만을 실재로 취급하고, 그것을 감각적 인지 대상인 현상appearance과 형이상학적 차원에서 구별하고 후자를 일종의 허상으로 취급함으로써 우주를 두 차원으로 나누어 서로 융합할 수 없는 위계적 구조를 가진 것으로 보았다. 그리고 데카르트는 인간을, 서로 융합은 물론 소통도 할 수 없는 마음과 몸을 두 개의 다른 속성의 복합물로 보았던 것과는 사뭇 다르게 보았다.

반면 동양인들은 감각적 세계를 구성하는 서로 다른 삼라만상이 실재가 아니라 환상·환각·허상으로 봄으로써 모든 것은 궁극적으로 완전히 통일된 단 하나의 존재 즉 우주와 자아가 일체라는 세계관을 믿어 왔다. 그런 관점에서 우주의 다원성의 명백한 증거로 볼 수 있는 삼라만상 전체를 환상이나 환각 혹은 공이라고 부른 것은 우주 자체가 꿈과 같은 허상이라는 것이 아니라, 모든 것이 근본적으로는 어떠한 것으로도 분별할 수 없다는 일원론적 세계임을 말하기 위해서이다. 이러한 인식에는 일상적 차원에서 경험하는 지적 및 감성적 관점과 인식 간에 생기는 논리적 갈등을 풀고자 했기 때문이라고 추측할 수 있다.

위와 같은 힌두적 세계관 즉 우주에 관한 일원론적 형이상학은 힌두교에 뿌리를 두고 동아시아에서 일찍이 꽃을 피웠고, 오늘날까지도 그 지역의 대중의 의식을 지배하고 있는 개념이나 명제들이 말하고자 하는 것은 우주는 어떠한 개념으로도 구별할 수 없는 단 하나의 일원론적 존재라는 것이다. 이러한 일원론적 세계관은 힌두교와 불교에서만이 아니라 동아시아, 더 정확히 고대 중국의 전통 사상 특히 노장의 도교적 세계관에서 '무'·'도'·'자연' 등의 개념을 통해서 되풀이된다.

일원론적 형이상학은 다원론은 물론 이원론적 형이상학보다도 매력적이어서 인식론적으로나 정서적으로 더 만족스럽다.

첫째, 일원론적 형이상학이 지적으로 만족스러운 것은 지성이 궁극적으로 지향하는 것이 혼란스러운 삼라만상을 가능하면 단 하나의 일관된 원리로 통일해서 설명하는 데 있기 때문이다. 똑같은 물활론적 세계관이면서도 유대·기독·이슬람으로 대표되는 서양의 종교가 그 밖의 수많은 다른 종류의 물활론적 종교보다 지적으로 매력적인 것은 전자가 단 하나의 절대적 신, 즉 전지전능하고 영원불변한 우주의 모체인 유일신에 바탕을 둔 믿음이기 때문이다.

둘째, 일원론적 세계관이 그렇지 않은 세계관보다 감성적으로 더 매력적인 것은 인간이 의식을 갖고 자신 외의 모든 것을 대상으로 구별하고 그것과의 정서적 및 지적 갈등 속에서 살아야 하는 고통으로부터 우리를 해방시켜 주기 때문이다.

일원론적 세계관 속에서 우리는 타인들·삼라만상·산천초목·자연·우주와 조화로운 하나가 된다. 이원론적 세계관의 틀에서 인간은 자연 대립적이요 주어진 상황에 저항적·정복적으로 될 수밖에 없다면, 일원론적 세계관 속에서 인간은 주변의 모든 환경에 순응적이고 소극적이고 생태 친화적이다.

서양 문화의 뿌리가 이원론적 형이상학에 있고, 서양의 역사가 자연과의 대립·정복·활용의 과정이었다면, 일원론적 세계관을 특징으로 하는 동양의 역사는 자연에의 순응, 주어진 환경과의 생태적으로 평화롭고 조화로운 적응과 공존에 대한 소원의 표현으로 해석될 수 있다. 즉 서양인들의 기질이 능동적이고 적극적이라면 동양인의 기질은 수동적이고 소극적이었다 할 수 있다.

자연과 인간의 보편적 관계를 다양한 스펙트럼을 통해 시각적으로 보여주는 '존재-의미 매트릭스'의 잣대의 눈금에 맞추어 비교해 보자면 동/서 문명의 차이, 일원론적/이원론적 세계관의 차이는, 서양 문명은 의미론적 차원으로 점차 기울어지고, 그와 반대로 동양 문명은 항상 존재론적 차원으로 기울어졌던 것으로 볼 수 있다.

2. 서양의 종교적 세계관

우주를 총체적으로 일목요연하게
정의하고 설명하는 양식을 세계관이라 규정한다면, 종교·철
학·과학이라는 인식 양식이 곧 세계관은 아니지만 그것은 세
계관의 대표적인 세 가지 양식이 될 수 있다. 모든 현상이나 낱
말의 개념 규정이 그러하듯이 한편으로는 종교와 과학 혹은 철
학과 과학 간의 구별은 비교적 쉽지만 종교와 철학 간의 구별은
상대적으로 어렵다. 종교와 철학 그리고 과학이라는 인식 양식
을 뜻하는 낱말들은 인식 양식을 뜻하는 이외에도 각각 다양한
성격과 활동을 뜻하는 낱말로 사용되고 있기 때문이다. 특히 동
양 문명권에서는 서양 문명권에서보다 종교와 철학의 관계가
더욱 분명하지 않다.

그러나 여기서 나는 논의를 진행하기 위해서 종교·철학·과학이라는 세 가지 학문 양식의 특징을 각각 계시적·개념적·실증적이라는 말로 규정하고, 그것들이 각각 의인적·추상적·유물론적 세계관을 전제하고 있다고 규정한다. 이러한 구별은 동양 문명권보다 서양 문명권에서 상대적으로 더 분명하다.

서양에서는 가령 유대교·기독교·이슬람교가 철학적 주장이 아니라 종교의 믿음의 범주에 속해서 소크라테스·플라톤·데카르트·칸트·카르납Rudolf Carnap·비트겐슈타인·데리다 등의 철학적 신념들과 확연히 구별되지만, 동양의 힌두교·불교·도교·유교가 과연 종교의 범주에 속하는지 아니면 철학인지는 분명하지 않다. 어떤 측면에서 보면 종교이기도 하고, 다른 시각에서 보면 철학에 가깝기 때문이다.

실제로 도교의 창시자 노자는 민간인들 차원에서 신격화되어 숭배와 기도 등 종교적 의례의 구실과 대상이 되고, 유교의 공자는 '천天' 즉 물리적으로 설명될 수 있는 하늘을 신으로서 인격화하여 모든 것의 창조적 원천임을 전제하고 숭배와 곤경의 대상으로 삼고 그 연장선상에서, 각 가정에서 조상 숭배의 의식儀式인 제사의 중요성이 강조되어 왔다.

하지만 이러한 동양의 전통이 인격적인 절대신에 뿌리를 두고 있는 서양의 유대 기독교나 중동의 중심에서 퍼진 이슬람의 세계관에 비하면 비종교적이거나 훨씬 덜 종교적이라는 것은 너무나 분명하다. 도교나 유교의 종교적 요소는 노자나 공자의 본래적인 사상이 아니라, 전혀 교육이 없고 단순하고 무지하고 힘없는 민중의 전통적 물활론적 세계관의 불가피했던 흔적에 불과했던 것으로 해석된다.

1) 종교적 세계관과 기독교

유대교와 기독교 그리고 이슬람교는 동양 밖의 주요 문명권인 유럽·중동·인도 그리고 동남아시아에서 오래전부터 전해져 온 세 가지 서로 다른 종교들이다. 그중 이슬람교는 오래전부터 오늘날까지 피비린내 나는 전쟁과 테러를 계속하고 있지만, 그것은 중동의 사막에서 살던 유대인들이 2천 몇 백 년 전에 만들어 낸 단 하나의 동일한 세계관에 뿌리박고 있다. 오늘날 그 세계관은 유럽과 중동, 북·남미 양 대륙 그리고 한국을 비롯한 동북아시아에서 막대한 수의 마음속에 굳건히 자리 잡고 있다.

이 세 가지 종교 가운데서도 유럽을 중심으로 보급되고 유럽의 문화를 지배한 기독교는 가장 강력한 세력으로 우뚝 서 있다. 이런 점에서 기독교의 교리가 동양 문명권 밖의 문명, 아니 동양 문명권까지를 포함한 세계의 종교를 대표한다고 볼 수 있다.

기독교적 세계관에 의하면, 전지·전선·전능한 유일신인 야훼가 인류를 사랑하는 마음에서 지구를 포함한 우주를 창조하고, 그 다음으로 지구의 에덴동산, 그 위에 수만 종의 동물과 식물들을 창조하고, 마지막에는 아담과 이브라는 인류의 남녀 한 쌍을 창조해서 그들이 거기서 자손을 많이 번식하여 영원히 삶을 행복하게 살도록 준비했다는 것이다. 그런데도 세상은 어지럽고 누구에게나 삶이 언제나 조금은 괴롭고 마침내 언젠가는 늙어 앓다가 죽어야 하는 것은, 하느님이 만드신 제일 처음의 젊은 남녀가 하느님의 명령에 불복하고 무화과를 따먹은 원죄 때문이라는 것이다. 그러나 지금이라도 그의 아들 예수의 말씀과 행동, 삶을 통해서 가르친 대로 살아감으로써 우리의 근원적 조상인 아담과 이브가 진 원죄를 씻는다면, 죽은 후 이승이 아니라 저승, 물리적으로 제한된 자연적 세계가 아니라 이승과는 전혀 다른 물질적 차원을 초월한 영원한 영적 세계에 있는 지옥이나 연옥으로 떨어지지 않고 천당에 가서 부활하여 어떠한 고통도 없이 행복한 영생을 누릴 수 있다는 것이다.

기독교가 가장 선명한 교리를 갖고, 지금까지 문명사에서 가장 막강한 조직과 영향력을 행사해 온 종교의 사례이며, 또한 종교가 철학이나 과학과 마찬가지로 하나의 특정한 종류의 세계관이라면 그것은 어떻게 규정될 수 있는가?

모든 종교는 일종의 세계관이며, 그 세계관의 가장 보편적인 특징은 가령 철학적 혹은 과학적 세계관과는 반대로 생물만이 아니라 하늘·구름·바위·물·돌과 같은 모든 무기물도 살아 있는 일종의 주체성을 갖추고 있는 일종의 인격체로 바라보는 대표적인 물활론인 애니미즘에서 찾아볼 수 있다. 이런 점에서 많은 종교는 이론과 역사와 세계적 차원에서 정치적·사회적·문화적 세력을 갖고 있는 여러 종류의 종교 신자들·철학자들·과학자들이 무시하거나 멸시하고, 배척하거나 아주 부정해 왔던 수많은 종류의 샤머니즘·무교·미신·사교들과 본질적으로는 구별될 수 없다. 힌두교·기독교·불교·이슬람교가 종교의 범주에 속한다면, 샤머니즘·무교·미신·사교도 똑같이 종교의 범주에 귀속되어야 한다.

물활론은 의인화된 세계관이다. 과학적인 사고는 물론 철학적 사고를 할 수 있을 수준에까지 진화하지 못한 인류가 모든 동물·식물·생물들로부터는 물론 모든 사물들로부터의 생존적 위협으로 항상 공포와 무력감을 느끼며 살아야 했던 과정에서 살아남기 위해서 자신을 모습을 투영시켜 신격화해서 본 자연 현상, 즉 세계의 그림이다.

우리의 원초적 시조들은 자신들이 항상 직면해 있는 문제 해결을 위해서 자연에게 기도와 호소, 애원과 용서 등의 초자연적 방법을 통해서 자연의 도움을 받고자 하는 절실한 심리적 필요성에 항상 부딪쳤을 것이다. 물활론이라는 의인적 세계관은 위와 같은 심리적 필요성이 만들어 낸 신격화한 자연, 종교화된 자연의 그림이다.

과거나 현재나 모든 원시 사회의 세계관은 물활론적, 즉 모든 존재가 그 내부에 있는 영혼의 작동에 의해서 움직이는 것, 즉 인격적 존재로 보았을 것이다. 자연 현상을 의인화해서 보는 입장을 물활론적 즉 종교적 세계관이라고 한다면, 물활론 즉 종교는 신격화된 것의 수가 하나 즉 단수인가 아니면 둘 이상 즉 복수인가에 따라 유일신교와 다신교로 구별되고, 유일신교는 단 하나의 신화에서 유래하는 유대교·기독교·이슬람교가 유일한 예이고, 그 밖의 무한수에 가까운 작고 큰 물활론적 세계관 즉 종교는 다 같이 다신교이다.

힘을 갖춘 몇몇 종교들이 그 밖의 다른 물활론들 즉 종교들을 사교 또는 미신이라는 말로 종교가 아니라고 배척하지만, 미신이든 기독교이든, 사교이든 이슬람이든, 혹은 해석에 따라 불교나 도교나 유교이든, 다 같이 물활론적 세계관이며, 물활론적 세계관으로서 종교라 함은 부정할 수 없는 사실이다.

1970년대에 인류학자 리키Louis Leaky의 학설대로 인류의 조상이 350만 년 전에 살았던 원초적 인류의 조상인 루시Lucy까지로 올라간다면 물활론적 즉 종교적 세계관의 뿌리는 그만큼 깊다.

반만년 이상 전부터 철학적 사유가 시작되고, 4세기 이전부터 근대적 의미의 과학적 사유의 싹이 트고, 1년이 다르게 과학기술이 급속도로 발달하고 있는 첨단기술 문명의 21세기 초반인 오늘날까지 350만 년 전의 물활론적 즉 종교적 세계관을 고집하면서 리처드 도킨스Richard Dawkins가 서양 종교의 집요한 전제인 종의 창조론을 부정하고 진화론을 주장하며, 최근 스티븐 호킹Stephen Hawking이 유일신 야훼에 의한 우주의 창조론을 부정하고 우주폭발론을 새삼스럽게 주장하고 있음에도 불구하고, 스스로 제도화된 몇 가지 종교 가운데의 하나를 믿는다고 주장하는 사람들의 수적 증가 추세와 세계 인구의 절대 대다수가 스스로를 '종교 신자'라고 선언하고 있는 공표된 통계를 믿기 어렵다. 그렇지만 이러한 기현상은 부정할 수 없는 분명한 객관적 사실이다.

종교적 즉 물활론적 세계관은 어쩌면 350만 년 전 우리가 우리의 조상 루시의 유전자를 내려 받아 왔음을 암시하고 종교적 세계관의 굴레를 벗어나기 쉽지 않음을 말해 준다. 그것은 노벨상을 받았던 분자생물학자이자 과학철학자인 자크 모노의 비판으로도 잘 알 수 있다. 즉 근대와 현대의 대표적인 변증법적 관념철학을 체계화한 헤겔이 마치 우주 전체가 하나의 인격체인 양 어떤 궁극적 목적 즉 우주정신의 진화적 자기발전으로 설명했고, "종교는 아편이다"라고 선언한 자칭 유물론적 형이상학자이자 역사학자이자이며 정치적 혁명가였던 마르크스가 20세기 초반에 우주 전체의 형이상학적 본질을 '생동하는 삶'이라 주장하고 온 우주를 뉴턴의 모델에 따라 무기적인 기계가 유기적인 어떤 과정으로 파악하고 있다는 점에서 다 같이 자신들도 모르게 철학자로서가 아니라 일종의 물활론자 즉 일종의 종교인으로서 신비주의적 세계관에 빠져 그 속에서 헤매고 있다고 비판한 것이다.

모든 명제의 진/위는 그것을 믿는 이의 신념의 강/약도나 믿는 이의 수의 대/소에 의해서 결정되지 않고, '이성'이나 구체적 경험에 논리적으로 비추어 보아 그것의 납득할 만한 타당성에 의해서만 결정된다. 종교적 신념의 진/위도 마찬가지다. 문제는 종교적 즉 물활론적 세계관이 그러한 타당성을 만족시킬 수 없다는 데 있다. 이러한 사실은 신의 수가 하나냐 여럿이냐는 문제만이 아니라 도대체 '신'이 존재하느냐 아니냐를 놓고 세계 각지에서 긴 역사를 통해서 줄곧 논쟁만이 아니라 잔인한 폭력이 대대적으로 있어 왔다는 것으로도 알 수 있다.

문제는 여기에서 끝나는 것이 아니라, '신'이라는 존재가 실재하느냐 아니냐의 문제 이전에 '신' 특히 서양 종교에서 말하는 유일신 '야훼'라는 낱말의 개념적 '의미' 자체를 어떻게 이해조차 할 수 없다는 데 있다. 무엇을 이해하려면 적어도 머릿속에서 그것을 그려야 하는데 '신'의 성격상 전혀 그럴 수가 없다는 데 문제가 있다. 어쩌면 그것은 의미는 없고 오직 '낱말'만으로 있는 낱말 아닌 낱말, 즉 공허한 낱말일 수도 있기 때문이다. 전지·전선·전능, 절대적·초월적 '신'이라는 낱말이 무엇을 지칭하는지 전혀 알 도리가 없다는 것이다.

세계관이 우리에게 의미를 가지려면 어떤 구체적인 상황에서 우리의 실제 삶에 중요한 의미를 갖는 구체적인 행동을 결정해야 할 때 큰 도움이 될 수 있는 잣대의 역할을 해야 한다.

우리가 죽은 후에 저승에 가서 하느님 혹은 염라대왕의 심판에 따라 천당·서방정토 혹은 지옥으로 가게 된다는 어떤 종교적 믿음에 따라 저승에서 누릴 영원한 행복을 위하여 이승에서 유한한 행복을 희생한 후 저승에서 아무것도 발견하지 못한다면 어떻게 하겠는가? 이런 물음에 확신을 갖지 못하는 한, 우리는 괴롭지만 종교 신자가 될 수 없지 않겠는가?

종교적 세계관의 가장 핵심적인 문제는 단 하나의 창조주와 무한수의 피조물 간의 분리, 우주 밖에서 우주를 지배하고 관리하는 절대적 존재와 그에 종속되어 복종해야 하는 삼라만상 간의 존재론적 차별, 인간과 자연의 이분법적 분리, 존재의 영혼의 초월적 차원과 물리의 현상적 차원, 인간의 의식과 육체, 영적 저승과 육체적 이승, 마음과 몸, 초월적 세계와 자연적 세계, 영적 저승과 물리적 이승 등등 간의 형이상학적 단절을 통한 이분법적 사고방식으로 반영된 이원론적 세계관이다. 그러나 세계는 알면 알수록, 따지면 따질수록 서로가 새들의 둥지처럼 모든 부분과 모든 측면이 복잡하지만 유기적으로 얽혀 있다. 이런 점에서 종교적 세계관이 풀 수 없는 문제를 안고 있다면 철학적 세계관은 어떤가?

종교와 철학의 차별은 동서를 막론하고 애매한 점이 많지만, 그것은 동양의 사상 체계에서보다 서양의 사상 체계에서 상대적으로 비교적 분명하다. 동양의 대표적인 세계관으로서의 힌두교·불교·도교·유교를 종교로 분류할 것인가 아니면 철학의 사상적 범주로 분류해야 할 것인지는 애매한 때가 많다. 반면 서양의 대표적 세계관인 기독교 및 플라톤·데카르트·칸트·헤겔·니체·마르크스·베르그송·하이데거·사르트르·데리다 등의 사상을 놓고 그것이 종교적인 것이냐 아니면 철학적인 것이냐를 분류하는 문제를 놓고 큰 고민에 빠지는 이는 별로 없다. 아주 정확한 근거를 대기는 어려움이 있을 수 있지만 누구나 상식적 차원에서 대답을 찾을 것이다.

그렇다면 서양 철학을 대표하는 위와 같은 철학자들의 세계관의 일반적 특징이 있다면 그것은 무엇인가? 그것은 모든 종교적 세계관의 특징인 의인적 비전, 이원론적 사고 양식에서 자유로울 수 있는가?

3. 서양의 철학적 세계관

1) 플라톤과 이데아론

20세기 초반 자신의 제자인 철학자 러셀Bertrand Russell과 더불어 케임브리지 대학에서 『수학의 원리Principia Mathematica』로 새로운 수학철학의 원리를 정립하고, 그 후 하버드 대학으로 와서 쓴 많은 저서들 가운데서 『과정과 실재Process and Reality』라는 저술을 통해서 유기적 형이상학을 창안한 위대한 철학자 화이트헤드는 서양 철학사를 플라톤의 저서에 관한 주석에 지나지 않는다고 말했다.

만약 플라톤이 그를 빼놓고는 서양 철학은 물론 정말 '철학적'이라고 할 만한, 즉 종교적 및 과학적 사유와 구별되는 이야기는 시작조차 할 수 없을 만큼 중요한 철학가라면, '이데아론'을 빼놓고는 그의 철학을 따질 수 없다. 모든 철학적 사유에는 직·간접적으로, 알게 모르게 플라톤의 '이데아론theory of Platonic Idea'과 연관이 있다. 그것은 '실재'·'진리'·'앎' 그리고 '언어'의 철학적 문제들과 뗄 수 없이 각별히 연계되어 있다.

이데아 이론에서는 오로지 비물질적인 관념 즉 '이데아'만이 영구적으로 변하지 않는 영원한 실재이며, 현상적 즉 물질적 존재는 부단히 가변적인 지각적 외상appearance으로 실재하는 것이 아니기에 인식 대상 즉 진리 판단의 대상이 될 수 없다는 것이다. 따라서 관념적 세계만이 '진리'로서 앎 즉 인지적 대상이 될 수 있고, 현상적 즉 물질적 외상은 인식 즉 앎의 대상이 아니라 감각적 경험의 대상으로서만 존재한다는 것이다. 이데아론에 내포된 플라톤의 철학은 관념론적 형이상학과 합리주의적 인식론이라고 볼 수 있다.

모든 이론은 어떤 지적 문제에 대한 대답이다. 그렇다면 플라톤의 기발한 이데아론은 어떤 문제를 풀기 위한 것이며, 과연 그가 제기한 문제는 그렇게도 중요한 의미를 갖고 있으며, 그의 문제 풀기는 과연 만족스러운 것이었던가? 과연 플라톤의 문제 보기와 문제 풀기의 바탕에 있는 관념론적 형이상학과 합리주의적 인식론은 오늘날에도 유효한가?

문제의 단초는 신비롭게도 하늘에서 떨어졌거나 땅에서 솟아난 것이 아니다. 그것은 우리에게 주어진 그지없이 복잡하고 헷갈리게 하는 자연적·사회적 환경에서 생존하기 위해서는 누구에게나 불가피한 주변의 삼라만상과 사태들에 대한 객관적인 인식과 파악, 즉 세계에 관한 진리 발견의 절실한 필요성에서 생겨난 것이다. 이 문제의 핵심은 우리가 사용할 수밖에 없는 언어와 뗄 수 없다는 것이다. 언어는 바람직한 지각·경험·사유 그리고 세계 인식에 필수적 조건이지만, 그와 동시에 그것은, 이미 노자나 선사禪師들이 강조했듯이 우리의 사유를 혼란에 빠트리고 인식을 헷갈리게 하는 근본적인 원인이 되기도 한다.

모든 사람이나 동물은 물론, 공장에서 정밀기계로 제조된 공산품 그리고 세상의 모든 삼라만상의 개체들은 두 개가 엄밀한 의미에서 완전히 동일한 경우는 하나도 없다. 그런데도 우리는 서로 완전히 동일하지 않은 것들을 여러 사람들·여러 동물들·여러 책상들·여러 컴퓨터들·여러 산들·여러 바다들·여러 학교들·여러 국가들을 '사람'·'동물'·'책상'·'컴퓨터'·

'산'·'바다'·'학교'·'국가' 등의 각기 단 하나의 개념에 묶어 마치 동일한 것처럼 부르고 취급한다.

플라톤에 의하면 그 많은 것들은 실재하는 개나 실재하는 꽃이 아니라 감각적 경험과 대치되는 지성의 직관으로만 포착할 수 있는 '이데아-개'·'이데아-꽃'으로 시간과 공간 속에서만 존재하고 인식될 수 있는 감각적 존재가 아니라, 오로지 비감각적·비물질적인 즉 관념적으로만 존재하고 직관적으로만 포착될 수 있는 비가시적인 관념적 꽃 즉 '이데아 꽃'으로서 무한수에 가까운 구체적인 개나 꽃의 원형 즉 원본으로서만 존재한다는 것이다. 이런 점에서 무한수의 구체적인 '개'나 '꽃'들은 각각 그 자체로서는 자주적으로 존재하는 것들이 아니라 단 하나밖에 없는 이데아로서의 원본 '개'나 원본 '꽃'의 복사물에 지나지 않는다는 것이다. 그것은 실재하는 원본 '개'나 원본 '꽃'은 감각적으로 존재하는 것이 아니라 오로지 비감각적인 비물질적·초물질적 즉 형이상학적 관념으로만 존재한다는 것이다.

플라톤은 무슨 문제를 풀기 위해서 그리고 어떤 근거에서 위와 같은 환상적인, 즉 상식적으로는 꿈에도 생각할 수 없는 형이상학적 존재론을 꾸며냈을까? 이 물음에 대한 대답을 찾기 위해서 일상생활의 모든 소통에서 아무 문제도 의식하지 않고 아주 자연스럽게 전제된 언어 사용의 구조를 다시 한 번 '개'나 '꽃'이라는 낱말들을 예로 들어 반성해 보자. 우리는 어떤 동물을 '개', 어떤 식물의 일부를 '꽃'이라고 하며 각각 다른 동물과 식물로 분별하여 지칭한다.

이러한 자연스럽고 당연한 언어 사용은 다음과 같은 두 가지 사실을 이미 전제하고 있다. 그 하나는 그러한 구별을 하는 사람이 '개' 혹은 '꽃'이라는 것의 본질, 즉 보편적이고 영원 불변한 본질의 그림을 이미 머릿속에 갖고 있음, 즉 그것을 알고 있다는 사실이며, 다른 하나는 그가 어떤 새로운 대상을 눈앞에 보았을 때, 그가 그의 새로운 지각 대상에서 자신이 이미 알고 있는 '개의 본질' 혹은 '꽃의 본질'을 처음으로 발견하고 있다는 사실이다.

그러나 이 두 가지 사실의 가능성의 근거는 언뜻 보기와는 달리 자명하지 않아 설명이 필요하다. 도대체 어떤 근거로 처음 보는 무엇을 '소'나 '꽃'이 아니라 '개'라고 알아볼 수 있는가? 만일 그 근거가 우리가 머릿속에 갖고 있는 '개의 본질'에 있다면, 우리는 과연 어디서 그리고 어떻게 그러한 '개'의 본질을 알아 머릿속에 갖게 되었는가?

이러한 물음에 대한 대답이 없다면, 도대체 어떤 근거에서 우리가 구체적으로 즉 경험적으로 볼 수 있는 모든 개들 혹은 모든 꽃들은 서로가 다른데도 불구하고 그것들 모두를 동일한 그리고 보편적인 '개' 혹은 '꽃'의 범주 속으로 분류할 수 있는가? 어떤 사람은 감각적으로나 물리적으로 즉 구체적으로는 내가 '사람'이라고 알고 있는 어느 사람들보다도 오히려 '닭'이나 '원숭이'를 더 닮았고, 어떤 꽃은 내가 '꽃'으로 알고 있는 어느 꽃들보다도 송충이나 나뭇잎을 더 닮았다는 사실은 어떤 존재의 본질은 감각으로 인식할 수 있는 물질이 아니라 오로지 지성의 직관으로만 즉 마음으로만 포착할 수 있는 비물질적 즉 관념적 존재임을 말하는 것이 아닌가라는 어쩌면 도깨비 같은 결론이 나온다.

바로 위와 같은 논리적 근거에서 플라톤은 실재하는 것은 물질적이 아니라 관념적 존재라는 관념적 형이상학과 아울러, 앎 즉 '인식된 실재'로서의 진리는 감각적 경험이 아니라 지적 직관에 의해서만 포착될 수 있다는 주지주의적 인식론의 극히 서구적인 철학의 원초적 틀을 굳건히 하고 오랫동안 서양 철학만이 아니라 오늘날에는 동양 철학에도 결정적 영향을 미치고 있다. 플라톤의 이데아론의 논의에 2,000년 이상 서양 철학 그리고 근대 이후 그 밖의 철학들도 압도적으로 설득되어 왔었던 만큼 그의 논의가 영리하다는 사실에는 이의가 없지만, 플라톤의 이데아론은 아무래도 도깨비 같기만 하다.

그렇다면 플라톤의 철학적 사유에 무슨 문제가 있었던가? 20세기 초 비트겐슈타인은 철학적 문제를 언어의 '언어적 병 linguistic disease'이라고, 다시 말해 언어적 병을 언어의 놀이에 홀려 생긴 의사적擬似的 즉 사이비 문제로 진단하고, 그 처방으로 언어에 관한 자신의 통찰을 제시했다. 플라톤의 이데아 철학으로 생긴 문제의 해결도 언어가 어떻게 사용되는가를 조심스럽게 성찰함으로써 가능할 것이다.

플라톤은 지금까지의 모든 전통적 철학에서 그러했고 일반 사람들이 자명한 사실로 믿어 왔던 바와 전혀 다르지 않게, 삼라만상 즉 하이데거가 말하는 '존재자'와 인식, 인식과 언어 그리고 마지막으로 언어와 인간 즉 하이데거의 '현존재' 간에는 서로 절대로 뗄 수 없는 관계가 있다는 것을 의식하지 못한 데 문제가 있다. 그래서 플라톤은 모든 존재자들 즉 삼라만상은 인간의 인지적 즉 언어적 구성 활동과 별도로 독립해서, 가령 '개'나 '꽃'은 언제나 객관적으로 영원불변하게 존재해야 하고, 변하지 않는 '진리'로 인식되어야 한다고 확신하고 있었던 것이다.

플라톤이 인간에게 인식 대상과 '현존재' 즉 인간 간의 관계를 이데아 철학으로 설명하려 했던 것은 우주의 모든 현상들에 관한 객관적 인식 즉 진리의 발견 없이는 인간은 생존할 수 없다고 믿었고, 그러한 객관적 진리의 발견은 발견 대상이 영원히 변하지 않는 것이어야 하는데, 그러한 대상은 가변적인 감각적 존재가 아니라 비감각적 관념적 존재로서의 '이데아'이어야만 하기 때문이다.

그러나 플라톤의 위와 같은 이데아 철학은 언어적 의미에 관한 그의 이해의 혼란에서 시작된다. 언어적 의미를 플라톤이 잘못 이해했던 문제는 서양의 중세 철학자들 간에 있었던, 한 보통명사, 가령 '사람'이라는 낱말의 의미와 내용을 두고 있었던 세 가지 이론들, 즉 실재론realism, 유명론nominalism, 개념론conceptualism 간의 논쟁에 비추어 밝혀진다.

첫째, 실재론에 의하면 '사람'이라는 낱말은 필연적으로 삼라만상 가운데 어떤 특정한 대상을 지칭하는데, 그 내용이 남자나 여자 혹은 김 서방이나 박 서방 등의 특정한 사람이 아니라 세상의 모든 사람들을 보편적인 하나로, 따라서 필연적으로 플라톤의 관념론이 주장하는 '개'와 같이 추상적이고 관념 즉 이데아idea적이지만 그것은 인간의 의식이 상상한 산물이 아니라 그것이야 말로 실재real하는, 즉 인간의 주관적 인식과 독립해서 객관적으로 존재한다는 신념이다.

둘째, 유명론에 의하면 첫 번째의 주장은 난센스다. 객관적으로 존재하는 것은 언제나 구체적인 시간과 공간 속에 단독적으로만 존재하고 감각적으로만 인식될 수 있는 구체적인 김 서방 혹은 박 서방이지 보편적인 즉 관념적인 '사람'이라는 것은 그냥 이름 즉 말뿐이지 실재하지 않는다는 것이다. 그렇다면 '사람'··'개'··'꽃' 등 문법적인 보통명사는 사용할 수 없단 말인가? 만일 수많은 보통명사를 사용하지 않고는 아무것도 말할 수 없다면, 보통명사를 어떤 뜻으로 사용하고 이해할 수 있는가?

여기서 세 번째의 개념주의 주장이 나온다. 개념주의에 의하면 보통명사, 가령 '사람'이나 '개'라는 보통명사는 고유명사 '김 서방' 혹은 고유명사 '워리'라는 이름을 가진 '이 세상에서 유일무이한 개' 가운데 그중 어느 것도 특별히 지칭하는 것이 아니라 서로 다른 여러 사람들 혹은 개들 속에서 공통적으로 찾을 수 있는 어떤 속성 혹은 속성들을 합성해서 추상화해 만든 개념화된 속성이 적용될 수 있는 인간이라는 동물 혹은 개라는 동물의 보편적 속성을 지칭한다. 엄격히 말해서 보편적인 인간 혹은 보편적인 개는 실제로 존재하지 않지만, '사람' 혹은 '개'라는 낱말을 개념화해서 사용하는 능력의 구비는 삼라만상으로 이루어진 헷갈리는 현실적 환경에 적절히 적응하고, 다른 인간과 부단히 소통하면서 생존할 수밖에 없는 모든 인간에게는 절대로 없어서는 안 될 필수조건이다.

플라톤의 관념론의 잘못은 삼라만상을 지칭하는 보편자the universal 즉 그가 말하는 이데아가 객관적으로 실재하는 것이 아니라, 인간이 삼라만상과 인과적 관계를 갖고 그것들을 자신의 필요에 따라 재구성하고, 다른 한편으로는 다른 사람들과 소통하기 위해서 창안해 낸 장치라는 것을 미처 분명하게 깨닫지 못한 데 있었다. 그는 비트겐슈타인의 말을 빌리자면 언어놀이의 룰에 의해서 언어의 본질을 미처 잘 파악하지 못함으로써 실재, 진리, 앎 등의 본질적 문제에 있어서 약간 헷갈렸던 것이다. 실재, 앎, 진리 등의 개념적 의미는 플라톤이 생각했던 것과는 사뭇 다르다. 그의 관념론이 동서의 철학적 사유의 발전에 지대한 공헌을 했다는 사실을 인정해도 위와 같은 사정은 마찬가지다.

인간과 모든 의식 대상 간의 존재론적 및 의미론적 관계의 무한수의 층위를 나타내는 '존재-의미 매트릭스'의 관점에서 볼 때 실재와 현상, 원본과 복사, 앎과 무지, 진리와 허위, 가지적인 것과 감각적인 것, 개념과 존재, 인간과 동물, 정신과 물질, 영혼과 육체, 물과 돌들 간의 존재론적 즉 실재적 차이는 언제나 절대적이거나 영구적인 것이 아니라 상대적이며 잠정적이고, 애매모호하고 가변적이기 때문이다. 만약 그러한 차이가 있다면 그것은 오로지 의미론적-언어적-인위적, 즉 개념적-관념적-가상적으로만 절대적이다.

이러한 사실은 바로 위에서 예로 든 것들에만 해당되는 것이 아니라 온 우주 안의 삼라만상에 다 같이 해당된다. 우주는 의미론적으로 즉 개념적으로 우리의 필요에 따라 무한한 종류로 분류할 수 있지만, 존재론적 즉 형이상학적으로는 절대적 분류가 불가능한 단 하나로 이루어진 일원론적 세계이다.

플라톤의 이데아 이론은 구체적 세상을 잘못된 이원론적 형이상학의 틀에서 만들어 낸 이론이다. 플라톤의 이데아론은, 그것은 그가 우주 전체는 물질적 및 관념적이라는 적어도 두 개의 모순되는 속성으로 만들어진 것 같으면서도 실제로는 서로 순환적이며 상보적으로 얽혀 있는 존재-의미 차원으로 얽혀진 매트릭스의 틀에서만 지각되고 논의될 수 있다는 사실을 미처 깨닫지 못해서 잘못 사상해 낸 이론이었다.

　손발을 묶인 채 동굴에 갇혀 밖에서 비치는 태양 자체의 빛을 보지 못하고 동굴 벽 표면에 어른거리는 자신의 그림자만을 보고 어리석게도 그것이 자신의 참모습이라고 믿고 있던 사람들은 죄수들이 아니라, 다름 아닌 위대한 철학자 플라톤 자신이 아니었는가 하는 생각이 든다.

2) 데카르트와 코기토

　고대 그리스의 플라톤을 신화적 및 종교적 사유와 확연히 구별되는 혁명적 사유 양식으로서의 철학의 시조라고 한다면, 17세기 프랑스의 철학자 데카르트는 고대 철학에 혁명을 일으켜서 철학의 초점을 객관적 존재의 문제에서 주관적 인식의 문제로 돌림으로써 근대 철학의 새로운 장을 연 철학자였다. 1,700년 만의 철학적 대혁명이 일어났던 것이다.

　플라톤의 철학이 이데아의 세계에 대한 신념에서 출발했다면, 데카르트의 철학적 출발은 바로 그러한 신념에 대한 방법론적 회의에서 비롯됐다. 플라톤의 이데아론이 인간의 인식 대상으로서의 존재일반의 본질을 밝히려는 형이상학적 존재론이었다면, 데카르트의 '코기토cogito' 즉 '생각하는 자아'라는 개념은 철학이 인식론적 절대 근거를 제시함으로써 존재의 객관성을 확보하기 위해서 고안한 개념이었다.

플라톤 철학의 본질이 우리로부터 독립해서 존재한다고 전제된 형이상학적 실체의 발견에 있었다면, 데카르트의 철학적 본질은 우리가 그러한 존재를 발견했다고 가정했을 때 그러한 신념의 타당성을 제공하는 데 있었다. 플라톤이 경험으로만 접할 수 있는 가시적 삼라만상의 밑바닥에는 그것들의 원본으로 존재하는 관념 즉 이데아로만 존재하는 비가시적 실재의 존재를 역설하고 그것의 실재가 아니라 그것의 그림자만 보고 있는 우리들에게 그 실재가 진리로서 존재한다는 것을 큰 소리로 선언했던 철학가라면, 데카르트는 그러한 신념의 확실성을 보장하는 근거 탐구의 원리와 방법을 반성적으로 제시하려 했던 철학자였다.

플라톤에서부터 데카르트의 코페르니쿠스적 철학의 전환은 존재론에서 인식론에로의 진보적 혁명이었으며, 철학이 종교에서와 같은 소박한 신념이 아니라 사유의 철저한 분석적 탐구 즉 한 단계 더 성숙한 반성적 사고를 하는 고유한 영역임을 발견하는 과정임을 확실하게 의식하게 만든 발전이었음을 입증한다. 그리고 이미 플라톤에서 분명했던 서양 철학의 특징인 정신과 물질로 된 이원론적 형이상학이 데카르트에 와서 더 명료하게 드러난다.

그러나 바로 이런 점에서 데카르트의 이원론적 '자아' 중심적 인식론은 플라톤의 이원론적 '이데아' 중심적 존재론과 마찬가지로 동일한 철학적 착각을 드러내 보인다. 그 착각은 내가 생각하기에 철학의 고질적인 여러 가지 해결 불가능한 문제들을 풀 수 있는 가장 기본적 틀인 '존재-의미 매트릭스'라는 개념이 모순된 것이 아니라 순환적으로 상호의존적인 것임을 깨닫지 못했던 데 있다.

데카르트의 철학은, 전통적으로 전해 오고 수용된 모든 신념이 꼼꼼히 따져 보면 하나같이 불확실하다는 사실, 즉 지금까지 진리라고 생각했던 모든 명제가 알고 보면 시대와 장소, 사람과 사람에 따라 언제나 가변적이었고 따라서 어쩌면 절대적으로 확실한 진리, 의심할 수 없는 자명한 진리는 단 하나도 발견할 수 없다는 결론의 인식에서 시작된다. 만일 그렇다면 우리들은 헛것을 믿고 꿈을 꾸며 헛것 속에서 살아왔고 앞으로도 영원히 그러한 절망적 운명에 처해 있음을 함의한다.

그는 위대한 철학자 플라톤도 우리와 다르지 않다고 생각했다. 그러나 다행히 그는 누구라도 "자신이 생각하는 한 그 순간만큼은 생각하는 나 자신의 존재를 의심할 수는 절대로 불가능하다"는 행복한 결론에 도달한다. 왜냐하면 내가 무엇을 의심하는 것도 일종의 나의 생각이며, 육체로서의 '나(내)'가 아니라 '생각하는 존재로서의 나(내)'가 없으면 '나'는 생각할 수 없기 때문이다.

데카르트에 따르면, 우리 각자는 생각하는 자신의 '나'의 존재보다 더 자명한 존재는 상상할 수 없다. 각자 생각하는 '나'에게 더 이상 의심할 수 없이 자명하다면, 그것은 곧 그것이 논리적으로 즉 이성이라는 빛으로 도출하는 모든 명제들은 필연적으로 자명한 진리가 될 수 있다. 데카르트는 그 속성을 인식의 자명성自明性, evidence이라 부르고, 그 자명성의 잣대를 모호한obscure 속성의 반대인 명석한clair, 헷갈리는confus 속성과 반대되는 판명한distinct이라는 두 가지 속성으로 규정한다. 가령 내가 무엇을 명확-분명하게 인식했을 때 그것은 객관적으로 존재하는 것이며 그러한 나의 판단은 참이라는 것이다.

달리 말해서 인식 대상의 실재성은 인식 주체로서의 각각의 '나'의 영적 이성의 인식에 의해서 결정된다는 것이다. 그리고 각자 생각하는 자아는 그렇게 사물을 판단해서 인식하는 시초의 인식 주체이기도 하지만 바로 그와 동시에 최초의 객관적 존재이기도 하다.

"나는 생각한다. 고로 나는 존재한다cogito ergo sum"라는, 지금까지의 모든 철학적 명제 가운데서 몇 안 되는 가장 유명한 명제 중의 하나인 이 명제는 존재와 인식 간의 관계, 즉 형이상학과 인식론의 관계에 관한 데카르트의 견해를 보여주는 것이다. 그에 의하면 감각적 지각 대상인 물질적 삼라만상들보다 더 자명한 존재는 비물질적 존재로서 생각하는 주체로서의 '자아'라는, 눈으로는 볼 수 없는 '나의 영혼'이 더 알기 쉽고 더 확실하다는 것이다.

방법론적으로 철저한 회의 끝에 도달한 "나는 생각한다. 고로 나는 존재한다"는 사실을 확신한 데카르트는 그때까지만 해도 유일신을 비롯해서 모든 것의 존재를 의심했었으나 마침내는 그가 의심했던 '유일신'의 존재를 확신하게 되고, '생각하는 데카르트 자신' 이외의 다른 사람들의 존재만이 아니라 거의 모든 삼라만상을 인지하고 그것들에게 객관성을 부여한다. 힌두교도들이나 플라톤이 '헛것'으로 믿었고, 데카르트의 방법적 불도저에 의해서 부서지고 붕괴되어 박살이 났던 삼라만상이 거의 원래 그대로, 아니 더 분명하고 견고하게 복원된

셈이다.

서양 철학, 아니 그 이전의 모든 철학이 한 번도 자기반성적이고 자기비판적이지 못했던 터에 데카르트는 철저하게 체계적으로 자기반성적이고 비판적인 사유를 시도하고 그 방법까지 제시했다. 그는 그러한 결과로 철학사에 혁명을 일으켜서 철학의 중심적 문제를 존재 중심에서 인식 중심으로의 혁명적 궤도에 놓아 근대 철학의 길을 개척했다는 점에서 명실상부한 위대한 철학자였음은 분명하다.

그럼에도 불구하고, 플라톤의 경우와 마찬가지로 데카르트의 철학에도 허점은 적지 않다.

첫째, 그는 사유하는 자아에서 물질과 형이상학적으로 그 속성이 전혀 다른 정신, 정신의 주체로서의 비물질적·비육체적 '영혼'이라는 것으로 파악하고 마음과 몸, 정신과 육체라는 이원론적 형이상학 즉 존재론을 플라톤에 이어 다시 한 번 확인했다. 이러한 이원론적 형이상학은 스피노자Benedict de Spinoza가 태어나기 이전, 오늘날의 생명과학이 직접 및 간접적으로 보여주기 시작하기 이전, 그리고 20세기 중반 메를로-퐁티가 몸의 현상학을 주장하기 이전까지 동서를 막론한 일반 대중들이 막연히 믿고 있었던 세계관이었다.

둘째, 이른바 사유의 주체로서의 각자의 자아 즉 '나'라는 것은 생물학적 몸이 그 수가 한없이 많고 복잡한 미립자들의 구조물이며, 한 인간의 영혼이라는 것은 그러한 구조물과 별도로 있는 것이 아니라 바로 그러한 구조물의 함수function를 지칭하는 낱말에 지나지 않는다. 다시 말해서 의식·마음·영혼은 생물학적으로 살아 있는 인간을 서술하는 여러 양식 가운데 하나에 불과하다는 사실은 오늘날 첨단과학이 날로 더 설득력 있게 입증해 가고 있는 추세이다.

나는 앞에서 자연과 인간, 인식 대상과 인식 주체 간에 존재하는 관계를 설명하고 이해하는 방법으로 한쪽에는 존재 차원 ontological perspective의 수치 '0'과 그 반대쪽에는 의미 차원 semantic perspective의 수치 '1'로 각각 달리 수량화해서 측정할 수 있는 잣대로서 '존재-의미 매트릭스'라는 개념을 도입하고 사용해 왔다. 여기서 존재 차원과 의미 차원과의 관계는 한편으로는 인식 대상으로서의 자연과 인식 주체로서의 인간의 관계로 볼 수 있고, 다른 한편으로는 물질의 인과적 법칙과 언어적 의미 해석 간의 관계로 구분해서 이해할 수 있다.

수치 '0'으로 기술될 수 있는 존재론적 차원과 수치 '1'로 기술될 수 있는 의미론적 차원으로 양극화한 자연과 인간 간의 위와 같은 관계는 좀 더 세분해서 그 양극 사이에 가령 생물학적biological · 신체적somatic · 미학적aesthetic · 개념적conceptual · 언어적linguistic 등의 무한수에 가까운 층위로 세분화해서 이해할 수 있다.

자연-존재와 인간-인식 간의 관계를 이런 세분화를 통해서 사유할 수 있다는 주장은 '존재-의미 매트릭스'의 잣대를 놓고 그것의 한쪽 극極인 '의미 즉 개념 차원'에서 볼 때 그 양극 사이에는 무한수의 차별과 단절이 불가피하지만, '존재 즉 자연적 차원'에서 볼 때 그 두 개의 극 사이에는 어느 곳에도 절대적 차별, 절대적 단절이 없음을 지적할 수 있다.

그것은 이러한 사실의 인식이 지금까지 풀리지 않았던 철학적 사유의 문제를 제대로 이해하는 데 있어서 절대적 필수조건임을 보기 위함이다. 다시 말해서 '존재-의미 매트릭스'라는 자연과 인간 간의 관계를 측정하는 관념적 잣대를 놓고 그것의 '존재론적 차원'의 한 극極인 수치 '0'과 '의미론적 차원'의 또 다른 극인 수치 '1' 사이에는 절대적 동일성도 없을 뿐만 아니라 절대적 차이도 없다.

그 정반대의 경우도 마찬가지다. 그들은 존재론적으로는 동일체이며, 의미론적으로는 서로가 타자인 동시에 동일자이며,

서로가 함께 하나인 동시에 서로 다른 두 차원이다. 수치 0과 수치 1로 서술될 수 있는 '존재-의미 매트릭스'를 구성하는 두 극 간의 관계는 빛光의 운동의 본질을 입자적인 현상으로 볼 수 있는 동시에 파장적 현상으로도 볼 수 있다는 드 브로이 Louis de Broglie의 이론과 마찬가지다. 언뜻 보아 모순되는 듯 보이지만 그러한 현상이 실재의 세계라는 것이다.

플라톤의 이데아론은 언어, 특히 보통명사의 '의미'에 중요한 철학적 문제가 있음을 사상사에서 처음으로 그리고 아주 간결하게 각성시켜 주었다는 점만으로도 그것의 역사적 중요성을 부정할 수 있는 이는 아무도 없다. 하지만 그가 인식과 언어, 언어와 그 대상 간의 상호의존적 관계에 관해서 착각을 했다는 것 또한 부정할 수 없는 사실이다.

플라톤의 이데아론이 언어와 인식 대상 간의 관계에 관한 착각의 산물이었듯이 데카르트의 형이상학적 이원론은 자연과 인간, 인간과 그 대상 간에 존재하는, 바로 위에 살펴본 바와 같은 언뜻 보아 서로 모순적인 것같이 보이는 순환적이고 상호의존적인 관계에 대한 착각에서 생긴 오류의 산물이었다.

서양 철학사에서 플라톤을 철학의 시조이고, 데카르트를 고대 철학을 근대 철학으로, 존재론 중심에서 인식론 중심으로

방향 전환을 한 철학자라고 말할 수 있다면, 칸트는 누구나 알다시피 인식론에 그의 표현대로 코페르니쿠스적 혁명을 일으킨 '초월주의transcendentalism'라는 인식론을 창안한 철학자였다. 플라톤의 이데아론과 데카르트의 코기토론에서 볼 수 있는 의식과 언어, 인식과 그 대상, 인간과 자연, 마음과 몸, 형이상학적 일원론과 이원론 등등 간의 관계에 관한 잘못된 문제의식과 잘못된 이해 방식은 칸트에 와서 초월주의 이론에서도 반복된다.

3) 칸트와 초월주의적 인식론

철학적 문제가 진리의 인식이고, 진리가 필연적으로 존재하는 대상에 관한 인식임을 전제할 때, 인식과 그의 철학과의 관계에 있어서 그 두 가지 항목 중 어느 쪽에 더 큰 무게를 실어주어야 할 것인가?

플라톤의 철학의 핵심이 형이상학적 존재론에 있었고, 데카르트의 철학이 인식론적 확실성의 탐구에 있었음에도 불구하고, 인식과 존재 간의 철학적 중력의 상대적 선행성과 중요성에 관한 한 두 철학자는 다 같이 인식이 아니라 존재에 그 중요성을 두고 있었다. 인식이 없는 존재는 생각할 수 있지만 존재가 없는 곳에서 그것의 인식을 말한다는 것은 어불성설이라고 확신하고 있었다. 인식 이전 혹은 인식 행위 부재의 어떤 대상·존재를 생각할 수 있지만 그 역, 즉 존재가 없는 인식이라는 개념은 불가능하다고 믿어 왔다. 이런 점에서 거의 모든 대중들은 물론 고대 그리스의 프로타고라스, 20세기의 굿맨Nelson Goodman, 쿤Thomas Kuhn, 콰인 등과 소수의 철학자들을 제외하고는 거의 예외가 없었다.

이러한 기존의 보편적 신념들에 맞서 칸트는 가장 체계적이고 섬세한 논리로서 인식론에 있어서의 코페르니쿠스적 대혁명을 달성했다. 우리가 보고 알고 느끼고 믿는 모든 것들, 즉 세계-우주와 그 안의 진리들은 우리가 그것을 인식하기 이전부터 그렇게 영원히 있는 것들이 아니라 우리가 우리의 감각 기관에 들어오는 경험들을 재료로 구성한 우리의 제품이라는 것이다.

이런 주장은 고대 그리스의 철학자 프로타고라스의 말을 빌리면 "인간은 만물의 척도이다"라는 명제로 명시되고, 칸트에 와서는 전통적으로 존재하지 않았던 인식의 본질에 관한 그의 독특한 생각을 지칭하는 초월주의 철학이라는 낱말에 나타난다.

플라톤과 데카르트에서 그러했듯이 또한 모든 철학자의 경우와 마찬가지로 철학자로서의 칸트에게 가장 중요한 근원적인 문제는 객관적이고 보편적인 인식, 즉 삼라만상에 관한 진리를 알아내는 것이었다.

플라톤의 이데아론, 데카르트의 코기토 철학의 핵심적 문제는 그러한 문제를 푸는 시도였다. 두 철학자는 이 문제를 푸는 열쇠를 언제나 보편적이고 명석한 인간이 보편적으로 갖고 태어나는 '이성'이라는 감각적 영역을 초월한 초월적 영역에서만 발견할 수 있는 순수하고 투명한 지적 기능에서 찾았다. 이러한 인식론을 데카르트 이후 합리주의rationalism라고 불렀다.

그러나 유럽 대륙의 서편 끝 바다 건너편에 있는 섬나라 영국에서 흄David Hume으로 대표되는 인식론적 경험주의가 대륙의 데카르트적 합리주의에 도전해 왔다. 흄의 인식론적 경험주의는 칸트를 그 자신의 말을 그대로 빌려 쓰자면 '철학적 잠'에서 깨워 주었다. 영국의 로저 베이컨Roger Bacon 및 프랜시스 베이컨Francis Bacon의 경험주의적 전통에 의하면 자연현상에 관한 모든 지식은 지각적 경험이라는 실증적 바탕에 뿌리를 박고 있다. 지식의 원천적 뿌리는 구체적인 감각 기관을 통한 각 개인의 경험에 있으므로 개인의 사념적 신념이나 이성이라는 이름의 초경험적인 의식의 활동에 의거한 지식은 정말로 의미 있는 지식이 될 수 없다는 것이 흄의 주장이다. 칸트는 이 같은 흄의 경험주의적 인식론에 전폭적인 공감을 하지 않을 수 없었던 것이다.

만약 흄의 경험주의가 옳다면 절대적으로 객관적이고 보편적인 지식은 논리적으로 불가능하며 궁극적으로는 모든 지식에 대한 불신이라는 회의주의에 빠지지 않을 수 없다. 왜냐하면 이성의 인식적 기능의 보편성과 객관성과는 달리 인간의 감각은 천차만별이며, 시간과 장소에 따라 언제나 가변적이고 불확실하기 때문에 주관적일 수밖에 없기 때문이다.

이런 상황에서 칸트의 절실한 철학적 문제는 흄의 경험주의와 플라톤이나 데카르트의 합리주의, 흄의 경험주의에 내재된 회의주의와 인식의 상대성이 플라톤과 데카르트의 합리주의에 함축된 지식의 객관성 및 보편성과 공존할 수 있는, 불가능해 보이는 이론 개발에 있었다.

칸트의 천재성은 그러한 이론을 바탕으로 인식이 언뜻 보아 모순되는 것 같은 "경험은 초월적transcendental이다"라는 명제, 즉 선험주의적 인식론의 가능성을 생각해 낸 데 있다. 이렇게 해서 짜낸 그의 인식론은 "경험에 토대를 두지 않은 지식은 공허하지만, 개념이 개입되지 않는 경험은 눈먼 것이다"라는 그의 유명한 명제 속에 정확하게 요약된다. 칸트의 코페르니쿠스적 인식론의 혁명이란 바로 위와 같은 감성과 이성, 경험과 개념 간의 관계의 전도顚倒, 위와 같은 논리적이자 인과적 관계에 있어서 후자가 차지하는 결정의 막대한 역할의 발견을 지칭한다.

인식의 선험주의라는 칸트의 개념은 프로타고라스가 "인간은 만물의 척도"라고 말했을 때의 '척도', 일종의 '규범'이라는 개념에 비유된다. 두 철학자가 강조하는 것은 상식적인 생각과 달리, 우리의 의식에 의해서 그려지는 의식 대상의 모양과 내용은 경험을 통해서 직접 발견한 대상 자체의 반영이 아니라 선험적으로 결정된 인간 의식의 구조와 기능에 의해서 결정된다는 것이다.

'선험주의'는 객관적 대상과 인간의 주체적 지각의 합작으로서의 지식 생산에 있어서 첫째, 대상이 없는 인식 활동은 생각할 수 없지만 인식을 떠난 어떤 대상도 생각할 수 없고, 둘째, 인식의 관점에서 보면 인식이 존재에 선행하며, 셋째, 앎즉 참된 인식 즉 보편적이고 객관적인 지식은 개인적이고 언제나 약간은 다른 지각에 근거한 것이 아니라 모든 인간이 개인

적 경험을 시작하기 이전부터 이미 선천적으로 즉 선험적으로
결정된 경험 조건으로서의 양태에만 근거하고 있다는 것이다.
이러한 점에서 삼라만상의 그림으로서의 인식은 발견의 구성
의 행위라고 말할 수 있다.

우리는 일상생활에서 시간과 공간은, 가령 산이나 바다와
같이 우주를 구성하는 객관적 일부라고 전제하고, 그것들의 유
/무 또는 크고/적음을 말한다. 그러나 칸트에 의하면 시간과
공간은 모든 인식의 가장 밑바닥에 깔려 있는, 즉 기초가 되는
무엇인가에 대한 '직관의 양식'이라고 한다.

다시 말해서 '시간'이나 '공간'은 우리들의 의식과 독립해
서 그 자체로 존재하는 세계의 객관적 속성이 아니라 인간이라
는 인식 주체가 그 외부에 존재하는 세계와 접촉하는 의식의
기본 양태, 즉 인식 주체의 구조적 속성이자 인식의 가장 기초
적 조건, 즉 무엇인가를 인식하는 '직관의 양식'이라는 것이
다. 이런 점에서 시간과 공간이라는 직관의 두 양식은 그 자체
가 세계에 관한 정보로서의 앎이 아니라 앎에 선행된 앎을 가
능케 하는 의식의 구조적 조건일 뿐이라는 것이다.

무엇을 안다는 것은 무엇인가의 존재의 직관을 넘어 그것을
각각 세 가지로 세분되는 양量, quantity, 질質, quality, 관계關係,

relation, 양태樣態, modality 네 가지 큰 범주category를 통합해서 12범주들의 개념으로 지각 대상은 판단된다. 이런 관점에 판단이 내려지기 이전에는 아무것도 알았다거나 지각했다고 말할 수 없다.

이런 점에서 위의 범주들 즉 양적·질적·관계적·양태적 범주들은 '시간'과 '공간'이 그러하듯이, 그것들 자체가 우주의 일부로서 인식 대상으로 존재하는 것이 아니라, 사물 현상들을 지각하고 서술하는 인식 주체로서의 지각과 인식과 판단의 선험적 조건으로서의 인간의 보편적 의식 구조를 나타내는 기능을 가질 뿐으로서 사물을 인식하고 서술하는 선험적a priori 조건들일 따름이다.

칸트의 인식론적 선험주의는 바로 모든 인간이 하나같이 각각 다름에도 불구하고 어떤 대상을 인식함에 있어서 모든 인간이 선천적으로 공유하고 있는 구조적 보편성, 즉 주관적 인식의 객관성을 보장할 수 있는 선험성의 발견에 근거한다. 모든 종의 동물들도 각기 나름대로의 생물학적으로 결정된 의식 구조에 따라 동일한 대상을 다른 방식으로 파악하겠지만, 인간이 어떤 대상을 인식하는 방식도 생물학적으로 이미 결정된, 즉 선험적 의식 구조와 능력에 따라 동물들과는 다른 방식으로 접하고 인식하고 사유한다. 이런 점에서 인간과 동물은 물론 서로 종이 다른 모든 동물들은 동일한 세상, 자연, 우주에 살면서도 주관적으로는 서로 다른 세상, 자연, 우주에서 생존한다.

인간과 동물 그리고 모든 동물들은 하나같이 각기 종으로서의 나름대로 서로 다른 세상을 보는, 프로타고라스가 말하는 '잣대' 즉 '시력'을 갖거나 도수가 다른 '안경'을 쓰고 태어났다. 이러한 사실은 인류사회학자 레비스트로스Claude Lévi-Strauss가 브라질 원주민 사회에서 발견한 인류 사회의 보편적 규범인 '근친상간 금기' 규범에의 보편적 의지의 발견, 언어학자 촘스키Noam Chomsky가 발견한 생물학적으로 갖고 태어난 인류 보편적인 언어적 문법의 발견으로 입증된다.

그리고 더 일반적인 사실로서는, 최근의 생명과학이 발견한 유전자 DNA의 기능은 한 개인의 행동과 능력의 생물학적 결정론 즉 한 개인의 자율적 혹은 우연적 행위가 그가 태어났을 때부터 갖고 있는 일종의 프로그램에 의해서 결정된 것이라는 사실로서 더 확고한 과학적 증거를 댈 수 있다.

모든 인간은 개개인마다 생물학적으로 언제 어디서나 육체적으로나 정신적으로 조금은 서로 다르고, 그런 차이에 따라 의식도 반드시 다를 수밖에 없지만, 그와 동시에 모든 인간이 같은 종으로서 동일한 유전자를 선천적으로 공유하고 있다면, 한 인간의 육체적 및 정신적, 지적 및 감성적 유전자들은 한 사람의 육체적 및 정신적, 지적 및 감성적 가치를 상대적으로 비교하고 평가할 수 있는 객관적이고 보편적인 잣대로 기능할 수 있다.

그렇다면 비록 흄의 주장대로 모든 사물 현상에 관한 모든 지식은 경험에 바탕을 두고, 또한 경험이 필연적으로 언제나 한 개인의 주관적 판단 속에 일어나는 극히 개인적 사건이더라도 그 주관적 경험은 선험적으로 이미 결정된 보편적 개념 즉 인식적 유전자의 범주 즉 보편적 잣대로서의 범주에 객관적인 평가가 가능하다.

만약 위와 같은 칸트의 인식론적 선험주의의 근거가 타당하다면, 칸트는 한편으로는 플라톤 및 데카르트의 인식론적 합리주의 및 객관주의와 다른 한편으로는 베이컨 및 흄의 인식론적 경험주의 및 주관주의 간의 갈등에서 해방되는 동시에 양자를 포섭하여 새로운 선험주의적 인식론을 세우는 데 성공하여 존재 중심의 철학에서 인간중심주의 철학으로의 혁명을 일으켜 새로운 철학사의 큰 장을 열었다고 할 수 있다.

칸트는 선험주의 개념을 발명했을 뿐 아니라 필연적/우연적 · 논리적/경험적 · 분석적/종합적 · 선험적a priori/후험적a posteriori · 본체noumema/현상phenomena 등의 여러 가지 이분법적 개념들의 도입과 분석 방법을 통해서, 20세기 초반 빈에서 탄생하여 영국 케임브리지 대학을 거쳐서 중반기부터는 미국 대학 그리고 그 후에는 스칸디나비아 반도를 거쳐 거의 전 세계, 특히 영어권 지역에서 아직도 결정적인 영향을 미치고 있는 '분석철학'의 탄생의 의도하지 않았던 창시자인 동시에 전파자가 되었다. 적어도 서양의 강단철학의 맥락에서, 데카르트 이래 오늘날까지 칸트만큼 큰 영향을 미친 철학자는 없다. 오늘날 강단철학자들이 사용하는 철학적 개념의 대부분은 칸트의 책에서 파생된 것이라고 말해도 과히 틀리지 않다.

　이러한 진단은 20세기 후반부터 확산되고 있는 오늘날의 포스트모더니즘까지는 확실히 맞는 말이다. 칸트의 초험주의에 의존하지 않고는 논리적 및 수학적 진리는 물론 과학적 진리조차도 설명할 수 없을 것 같다. 왜냐하면 과학적 진리는 물론 논리적 혹은 수학적 진리는 절대로 절대적일 수 없는 경험에 바탕을 둔 우연적 진리가 아니라 이성의 직관으로만 포착할 수 있는 필연적인 진리로 보이기 때문이다. 그러므로 논리학이나 수학의 영역은 우연이 개입하는 현상계 · 자연계의 영역이 아니라 오로지 순수한 지성만이 관여할 수 있는 필연적 영역이기 때문이다. 그렇다면 정신·개념의 영역과 물질·감각의 영역, 마음과 몸, 영적 세계와 현상적 세계, 이성과 감성, 마음과 몸, 정신과 물질, 인간과 동물, 직관과 경험, 필연과 우연 등의 사이에는 서로 소통할 수 없는 형이상학적 및 의미론적 단절이 있어 보이기 때문이다. 플라톤이나 데카르트의 경우와 마찬가지로 칸트의 철학에도 일반 대중이나 철학자들 사이에서 아직까지도 거의 의심되지 않고 있는 위와 같은 인식이 깔려 있기 때문이다.

그러나 과연 이처럼 거의 보편적이 된, 위와 같은 인식에 확고한 근거가 있는가? 과연 칸트의 선험주의, 이분법적 인식론과 형이상학은 확고한 근거가 있는가? 반드시 그렇지는 않다.

첫째, 시간과 공간은 칸트가 혁명적으로 생각했던 바와는 달리 인간 감성의 선험적 구조가 아니라, 일반인 모두가 줄곧 확신해 왔듯이 그리고 아인슈타인의 상대성 원리가 증명했듯이 서로 뗄 수 없이 얽혀 4차원을 구성하는 우주의 실재적 측면이다.

둘째, 이분법적 인식론이나 형이상학의 주장의 근거가 되는 대표적 예로는 논리적 및 수학적 진리와 그러한 진리를 탐구하는 두 가지 학문의 영역인 논리학과 수학의 존재를 들 수 있다. 우리의 논의를 간소화하기 위해서 오늘날 많은 철학자들이 수학도 논리의 일부분으로 볼 수 있다고 하는 주장을 근거로 논리적 진리를 중심으로 해서 플라톤·데카르트·칸트를 포함한 선험적 진리와 경험적 진리, 관념적 세계와 물리적 세계, 이성과 감성, 마음과 몸 사이에 존재하는 형이상학적인 절대적 즉 필연적 구별, 선험적 인식과 경험적 인식 간의 구별이 절대적인가를 따져 보자.

논리학은 세 가지 기본 법칙 즉 첫째, "p는 p이다"라는 동일률, 둘째, "p가 아니면 non-p이다"라는 이율배반율, 셋째, "p가 non-p라는 주장은 모순이다"라는 반모순율의 세 가지 법칙을 토대로 꾸며진다. 이 3법칙들은 절대적 진리이며, 그러한 진리는 후천적으로 감각적 기관에 의존하는 경험에 의해서 얻어진 지식이 아니라, 선험적 즉 선천적으로 이성에 의한 직관으로 발견된 것이라는 것이다. 수학과 논리학은 물리학을 비롯한 모든 인문사회학을 포함한 경험과학과 형이상학적인 전혀 별개의 영역, 둘로 완전히 분리되는 세계를 구성하고 있다는 것이다.

하지만 과연 그런가? 오늘날에도 일반 대중은 물론 논리학자, 수학자, 철학자들 가운데서도 일치된 의견 없이 논의가 계속되고 있지만 나는 그렇지 않다고 확신한다. 어째서인가? 아무리 정밀한 기계로 정확히 그렸다고 하더라도 그것은 관념적으로 알고 있는 삼각형이나 원이 아니라는 것을 우리는 알고, 그렇게 보이지 않은 삼각형이나 원을 우리는 따진다. 논리의 3법칙의 경우도 마찬가지다. 그렇다면 플라톤, 데카르트 그리고 칸트의 형이상학적 진리, 그러한 것에 관한 선험적 인식론은 타당할 수 있다.

그러나 관념적 즉 비현상적 수학적 삼각형이나 원 혹은 세 개의 논리적 원칙이 맞는다는 것, 수학적 삼각형의 총수가 90도라는 것은 어떤 이미지 즉 감각적으로 투영하지 않고서는 우리는 그러한 존재는 물론, 수학적 및 논리적 진리가 참이라는 것을 상상조차 할 수 없지 않은가?

막연하고 희미하나마 무엇인가 구체적인 것, 즉 감각적 경험의 대상과 완전히 단절된 관념적 존재는 존재하지 않을 뿐만 아니라 존재할 수도 없다. 수학적 및 논리적 진리가 있다면 그것은 눈으로 볼 수도 없고 피부로 느낄 수도 없는, 즉 물리적 존재와 완전히 별개의 영역에서 발견되는 것이 아니라 몇 억 년의 긴 과정을 통해서 반복된 구체적인 경험에서 개연적으로 유추된 결과이지 선천적으로 신비스러운 직관에 의해서 발견된 형이상학적으로 물질과 완전히 구별된 실체가 아니다. 우주는 하나이며 정신과 물질은 단 하나의 우주의 두 측면이자 두 종류의 굴곡, 즉 질적이 아니라 양적인 차이에 지나지 않을지 모른다.

4) 헤겔과 드 샤르댕의 관념적 진화론

동서를 막론한 기존의 철학적 사유 가운데서 아마도 힌두교, 칸트, 헤겔, 마르크스, 베르그송, 화이트헤드만큼 우주 전체에 대해서 포괄적인 동시에 더 분석적이며, 거시적인 동시에 더 미시적이고, 체계적인 동시에 더 환상적인 철학을 시도한 예는 별로 없어 보인다. 불교, 도교, 기독교, 뉴턴, 아인슈타인, 휠러John Wheeler, 호킹, 하이젠베르크 등의 종교, 물리학자 및 천문학자들의 이론들도 앞에서 언급한 사상가들의 이론적 몇 가지 속성들 중 어떤 몇 가지를 갖고 있지만, 그 철학자들의 세계관들이 갖추고 있는 모든 야심적 크기와 분석적 세밀성에 있어서는 전혀 미치지 못한다.

이런 면에서 위와 같은 야심적 철학자들의 사상 체계 가운데서도 18세기 유럽의 사상적 계몽시대를 대표하는 칸트의 철학과 19세기 낭만주의를 대표하는 헤겔의 철학은 우주를 보는 방식에 있어서, 그러한 우주를 개념화하는 데 있어서, 그리고 그 스케일의 거대함과 체계성에 있어서는 둘 다 철학사의 정상에 우뚝 서 있다.

그러나 두 철학자의 두 철학적 체계의 성격은 사뭇 다르다. 칸트의 철학은 공시적synchronic 즉 탈역사적 관점에서 정체적 세계와 인류 사유의 고정된 구조적 여러 측면들을 찾아내고 재조립하는 데 있었다면, 헤겔의 철학은 통시적diachronic 즉 역사적 관점에서 역동적 우주와 인류사에 관한 가변적인 사유의 구조를 갖고 있다.

칸트가 우주의 역사의 밖에 서서 흘러가는 우주를 정태적으로 관찰하고 그것의 고정된 구조를 추상화해서 유추하는 관찰자의 시선으로 규정하고, 그가 그러한 시선을 가진 건축가였다면, 헤겔은 우주의 역사적 강물을 타고 그 강물과 함께 흘러가면서 그 흐름의 굴절 과정을 경험하고, 그 시작에서부터 아직 도달하지 않는 끝까지 체험한 대로의 이야기를 조리 있고 재미있게 서술하여 거기에 인간적일 뿐만 아니라 우주적인 의미를 부여하는 이야기꾼 즉 일종의 우주역사 소설가였다.

그리고 이 두 서양 철학자들 속에서 한편에서는 환상적으로 위대한 관념적 건축가와 건축물을, 다른 한편에서는 역시 환상적으로 위대한, 대담하고도 압도적인 힘을 발휘하는 상상력을 가진 이야기꾼과 철학적 서사시를 발견한다.

칸트의 철학이 원자망원경인 동시에 현미경에 비교할 수 있는 정확하고 기계적인 눈으로 본, 자연 및 우주 그리고 그것들 간의 관계에 관한 여러 가지 풍경이라면, 헤겔의 철학은 무에서 튀어나온 단 하나의 미분화된 단세포적·원초적 실체인 '정신 Geist'의 싹이 아직 끝나지 않았지만 언젠가는 끝날 장구한 역사의 진화와 진보적 과정을 거쳐, 이미 영원히 결정되어 주어진 우주적 법칙에 따라 꽃으로 변하고 열매를 맺고 마침내는 자기 실현 즉 우주사의 운명적 사명의 완수를 하는 삼라만상의 관념적 진화인 동시에 우주적 '자유'의 구현 과정의 이야기이다.

칸트의 방대하고 치밀하면서 엄청나게 창의적인 철학적 체계 앞에서 경탄하지 않을 수 없지만, 헤겔의 우주적 철학적 이야기 또한 그 스케일의 방대함과 그 주장의 대담함에 압도당하지 않을 수 없다. 한 개인으로서 이 두 독일 철학자만큼 그 규모가 크고 체계적인 자신의 철학을 창조한 예는 세계 철학사에서 찾을 수 없다. 이런 점을 봐도 그들은 철학사에서 영원히 남을 기념탑이다.

그러나 어떤 철학도 완전한 것은 없으며, 있을 수도 없다. 인간이 존재하고 삶의 양식이 지속적으로 변하고 새로운 경험이 쌓이는 한 철학은 그러한 변화에 따라 끊임없는 조절을 필요로 할 것이다. 칸트의 철학이 그러했다면, 헤겔의 철학은 칸트 이상으로 더 그렇다.

칸트가 우주를 감각적으로 접할 수 없는 비가시적이고 형이상학적인 즉 관념적 본체noumena와 그것의 감각적 구현으로서의 현상phenomena으로 양분해서 두 가지로 보았던 것과는 달리, 헤겔은 우주·존재 전체를 아무것으로도 나눌 수 없는 단하나의 비가시적인 일종의 관념 즉 일종의 '정신'으로 보고, 인간이 직접 경험할 수 있는 자연계를 전자에 종속시켜 전자의 아바타avatar 즉 감각적 화신으로 보았다.

헤겔에 의하면 이러한 마음은 우주의 마음이라 할 수 있지만 마음과 근본적으로 구별되는 존재는 실재하지 않으므로 우주는 곧 마음이며, 마음 이외에는 아무것도 실재하지 않는다. 이런 점에서 헤겔의 형이상학은 서양적 개념으로 표현하자면 '일원론적 관념론'이며, 불교에서 말하는 '일체유심一切唯心'의 형이상학적 개념과 일치한다. 우리가 경험하는 자연을 비롯한 모든 것들은 실재하는 것이 아니라 실재하는 관념의 현상 즉 일종의 그림자이다.

헤겔의 가장 초기 저서이면서도 가장 중요한 저서인『정신현상학Phänomenologie des Geistes』에 따르면 '우주'의 마음인 동시에 '그냥 마음으로서의 우주'가 마치 모든 생명이 각자 자신의 DNA의 설계에 따라 생겨나서 성장하고 때가 되면 그 과정의 종점에서 죽어 없어지는 것과 같이, 우주 혹은 우주의 마음도 물리적으로 무한에 가까운 역사의 과정을 거쳐 같은 방식으로 탄생과 성장 그리고 죽음의 과정을 밟고 이미 우주적으로 결정된 이른바 '변증법'에 맞추어 기계적으로 진행되고 있다는 것이다.

이 같은 우주사의 일부로서 인간의 문명사인 헤겔의『정신현상학』은 우주의 마음인 동시에 우주 생명의 시원적 뿌리로서 DNA의 진화사로 볼 수 있다. 그리고 그것은 고대 그리스 시인 호메로스의 서사시『오디세우스Odysseus』에 비유할 수 있다. 즉 위험이 많았지만 결국 성공한, 신명나고 모험적인 10년간의 기나긴 항해 끝에 마침내 돌아온 한 영웅의 모국 귀향 이야기에 비유할 수 있는 것이다.

『오디세우스』가 한 영웅적 전사가 몇 년 동안의 험한 경험을 통해서 터득한 자기 인생 교육의 성장소설이라면, 헤겔의 철학서 『정신현상학』은 우주가 자기 자신의 존재의 의미를 반성해 보기 위해서 쓴 일종의 우주 성장소설이다.

헤겔에 의하면 우주의 역사는 잠정적으로 정正 즉 긍정적 상황과 반反 즉 그것과 대치되는 상황 간에 갈등이 생기고 거기서 정과 반의 대립적 양가bivalent 논리 법칙이 아니라 변증법적dialectical 즉 신비로운 제3단계의 법칙에 의해서 그것들 간의 갈등이 존재론적으로 한 단계 높은 제3의 단계에서 종합synthesis이라는 과정을 우주의 DNA에 해당하는 '우주-정신Geist'으로 논리적으로 결정된 역사의 과정을 통해서 진화한다.

그리고 진화의 궁극적 종점 즉 역사의 종점에서 물리적 우주-자연계는 궁극적으로 정신으로 승화하고 인간과 자연의 역사는 필연적인 과정 즉 합리적인 절차를 거쳐서 질서 정연하게 종말을 맞고, 인간 및 지구의 역사는 이미 규정된 문명사의 과정을 궤도에 따라 완수하게 된다는 것이다. 현재 우리가 지각할 수 있는 모든 현상들 즉 감각적 형태는 궁극적으로는, 또한 물리적으로는 접할 수 없는 정신-마음으로만 존재하게 된다는 것이다. 우주의 역사는 우주라는 마음의 자기진화와 실현의 과정이며, 그 궁극적 목적은 마음이 물질에서 해방되어 자기반성적이며 형이상학적으로 가장 성숙한 존재 즉 자유로운 존재로 변신하는 데 있다.

헤겔의 주장에 의하면 물질의 정신화 즉 몸으로부터의 마음의 해방, 인간의 자유화의 과정으로서의 우주, 지구, 인간의 역사는 지역과 문화적으로 그 과정의 단계가 더 진행된 곳이 있고 처진 곳이 있다. 봉건제 영주국가 프러시아의 지배 아래 살았던 헤겔이 보기에 이런 점에서 유럽은 아시아보다 앞섰고, 유럽 내에서는 독일이 제일 선두에 있었다.

우주의 DNA로서의 우주적 '마음'은 역사적 존재로서 물질성으로부터의 점차적 해방 즉 자율성이라는 자기실현의 변증법적 정확한 법칙에 따른 진보 과정임이 각 영역에서 구체적으로 입증된다는 것이다. 이런 점에서 헤겔의 철학적 세계관은 자연과학에 전제된 기계론적 세계관과 일치하며, 다윈의 과학적 동물계의 진화론이 탄생하기 훨씬 앞서 생겨난 형이상학적 진화론적이며, 기독교나 지구상의 모든 전통적 세계관이 그러하듯이 물활론적이자 의인적이다. 『정신현상학』에서 헤겔이 보여준 이러한 철학적 구조와 형이상학적 비전과 주장은 그 이후에도 논리학·예술론·정치사·문화사 등의 영역과 관계된 여러 저서와 대학 강의록 등을 통해서 세부적으로 반복해서 나타난다.

그리고 위와 같은 헤겔의 세계관은 20세기 중반 많은 대중 특히 기독교인들의 관심과 주목을 받고 추종자들을 가졌던 프랑스의 신부이자 고대인류학 전문가인 테야르 드 샤르댕에 의해서 거의 그대로 반복된다. 그의 주장은 그가 과학자로서 자신의 전공인 과학적 인류학의 발견에 근거한 것이라는 점에서 20세기 들어와서도 그의 주장은 헤겔의 철학적 주장보다도 더쉽게 독자들을 설득할 수 있었던 것 같다.

드 샤르댕에 의하면 우주는 물질의 단계에서 생명의 단계로, 생명의 단계에서 정신-마음의 단계로의 진화 과정 즉 물질에서 정신에로의 일종의 승화昇華 과정에 있으며, 정신을 갖게 된 인류의 출현과 인류가 만든 정신문화는 현재로서는 인류가 그 진화 즉 '우주의 정신화' 과정의 절정絶頂에 서 있다는 것이다.

헤겔이나 드 샤르댕의 주장에 의하면, 천문학자·과학자·종교인 그리고 일반 사람들이 다 같이 믿고 있는 물질적 자연계는 자유로운 마음·정신·영혼으로 변신하여 사라지고 오로지 불교에서 말하는 저승, 기독교에서 말하는 비물질적인 형이상학적 실체로서의 마음만으로 채워진 초월적 세계인 천당만이 남게 될 것이다. 헤겔의 철학은 그 스케일이 놀랍게 방대하고 창의적이며 환상적이고 매력적이다. 그의 철학보다 더 야심적인 철학적 세계관을 상상하기 어렵고 앞으로도 그럴 것이다. 그는 정말 대단한 철학적 사유가이며 문학적 상상력을 가진 작가였다.

그러나 그의 철학은 그의 위대함만큼이나 근본적인 몇 가지 문제들을 갖고 있다. 그 문제들의 일반적 성격은 황당함이다. 이러한 진단은 헤겔의 철학만이 아니라 그와 유사한 마르크스·드 샤르댕·베르그송·화이트헤드 등의 여러 세계관들에도 다 같이 적용된다.

첫째, 모든 것을 관념적 즉 비물질적 존재로 보는 헤겔의 관념론적 형이상학은 '일체유심一切唯心'이라는 불교의 형이상학과 일치하며, 그러한 관념론적 존재론은 감각적으로 지각되는 자연 및 문화 현상, 산과 나무, 구름과 흙이 없는 세상이나 몸이 없는 마음은 상상할 수 없는 것과 마찬가지로 꿈에도 상상할 수 없다.

둘째, 헤겔의 철학적 세계관은 '위대한 이성'이라는 이름으로 포장된 의인적 즉 원시적, 어쩌면, 원초적 사유이다. 전통적·종교적·원시적 세계관들과 비교해서 훨씬 세련되고 체계

적이지만 그것이 우주의 마음, 목적 및 상향적 지향성, 진화,
진보를 말하는 한 헤겔의 물활론적 세계관의 일종이며, 그런
점에서 의인적이며, 그만큼 원시적이라는 비판에서 자유롭지
못하다.

물활론적 세계관은 시적으로는 매력적이지만 오늘날의 물
리학·천문학·양자역학 그리고 생명과학·의학·IT를 비롯한
경이로운 허다한 과학기술의 생활화가 꿈이 아니라 현실의 일
부라는 것을 부정할 수 없고, '추위에 떠는 바윗돌', '눈물을
흘리는 하늘', '춤추는 바람' 등과 같은 표현들이 축어逐語적
이 아니라 은유隱喩적으로만 의미를 가질 수 있는 한, '우주의
마음', 우주라는 마음의 목적 혹은 '우주의 진화' 혹은 '발전'
이라는 개념들은 그대로 해석할 때 아무 의미도 가질 수 없고,
말이 되지 않는 말장난일 뿐이다.

셋째, 정/반/합正/反/合이라는 3단 논법으로 도식화되는 변
증법辨證法은 헤겔의 진화론적 우주론과 역사적 인식론에 있어
서 우주 삼라만상의 생성 변화 현상을 지배하는 일종의 특수한
'논리 즉 규범'을 지칭한다. 그는 우주의 자연사뿐 아니라 예
술·정치·사회사 등으로 나타나는 문화사도 한결같이 각각의
영역을 지배하는 변증법적 논리에 비추어 설명할 수 있다고 주

장한다.

헤겔은 이러한 자신의 주장을 뒷받침하기 위해서, 인류사는 서양인의 역사가 전부이고, 예술·정치·사회사도 고대 그리스 예술 이후부터 19세기 낭만주의 예술에 이르기까지의 서양의 예술사·정치사가 전부이며, 또한 역사가 18세기 동일 문화로 완성되어 끝이 났다는 듯이 오로지 서양 역사 안에서의 문명과 문화사적 변천들의 예로서만 우주의, 인류의 역사를 자신이 개발한 변증법이라는 개념에 한결같이 이용하여 같은 식으로 일반화할 수 있다고 전제한다.

그러나 서양이 곧 세계가 아니며 독일의 역사가 곧 서양의 역사가 아니듯이, 서양의 역사가 곧 인류의 역사는 아니며, 길어야 지난 만 년인 인류 문화사가 19세기 초에 완료된 것이 아닌데도, 헤겔식으로 인류사를 바라보는 것은 지나치게 근시안적인 동시에 편협하며 배타적이다.

우주 안의 어떤 현상적 존재는 물론 우주 자체라는 존재는 그것이 이성을 가진 인격적 존재가 아닌 이상, 그것이 복종해야 할 어떤 규범도 없고 자연 그대로 작동할 뿐이다. 자연적인 것이든 문화적인 것이든 존재는 규범 밖에 그냥 그대로 있을 뿐이다. 자연과학에서 말하는 자연의 법칙은 자연 현상의 규칙성을 중립적으로 서술하는 개념이지 인간이나 신이 어떤 목적을 위해서 임의로 제정한 가변적 규범과 다르며, 인류 역사에 걸쳐서 모든 인간이 유전자 차원에서 공유하고 있다고 전제된 사유의 가장 보편적이고 불변한 규범으로서의 '논리'는 더군다나 아니다.

　과학에서 말하는 법칙이 자연 현상에서 어떤 존재의 규칙성을 지칭하는 서술적 개념이라면, '논리'는 존재의 일부가 아니라 인류에서 발견되는 '사유의 규범'을 지칭한다. 사물 현상의 규칙성이 필연적이 아니라 우연적이며 따라서 잠정적일 수밖에 없는 반면에, 인간 사유의 원초적인 규범으로서의 '논리'의 규범성은 우연적이 아니라 필연적이며, 상대적이 아니라 절대적이다. 자연법칙인 과학적 법칙이 두 가지 다른 현상들 간의 구체적인 인과적 관계의 서술이라면, 사유의 규범으로서의 '논리'는 사물 현상들이 아니라 인간 의식의 산물인 개념들 즉 언어적 관념들 간의 양자택일의 선택이 강요된 추상적 관계의 적용이다.

　그렇다면 헤겔의 '변증법'이 일종의 존재-우주 현상의 '논리'를 의미하는 한 그 개념은 원천적으로 즉 논리적으로 설립할 수 없는 모순된 개념이다. 헤겔의 '변증법'이라는 개념은 존재의 질서와 사유의 규범, 사물의 인과적 질서와 사유의 논리적 규범을 혼동한 결과로 나타난 개념이다. "실재는 이성적이고, 이성적인 것은 실재한다"라는 말로 표현된 헤겔의 극단적인 합리주의적 명제가 아무리 생각해도 그리고 근본적으로 당치 않다고 본능적으로 느껴진다. 그가 세계 철학사에 우뚝 서고 위대하지만 우리의 철학자 헤겔은 우주적으로 큰 착각에 빠졌던 것 같다.

헤겔은 과거나 앞으로도 그 유례를 찾아볼 수 없을 만큼 철학적 사유의 규모가 거시적인 동시에 무척 세밀하고 분석적이며 명석한 철학자였음은 분명하다. 그러나 인간과 자연, 존재와 인식 간의 관계는 앞서 누차 말한 바 있는 '존재-의미 매트릭스'의 잣대에 비추어서, 한편으로는 존재 차원에서 인과적 관점에서 물리적으로 봐야 하고, 그와 동시에 다른 한편으로는 의미 차원에서 개념적 관점에서도 함께 봐야 한다.

그러나 존재와 의미는 논리적으로 동일한 차원에서 비교될수 없고 서로 양립할 수 없다. 왜냐하면 그것들을 동일한 차원에서 측정하고 비교하여 평가한다는 것은 어떤 한 대상을 색깔과 크기, 양과 질을 비교하고 그 가치를 평가하려는 것과 마찬가지로 잘못된 것이기 때문이다. 그러나 어떤 대상이 양적 측면을 동반하지 않는다면 어떤 대상도 존재할 수 없고, 동시에 질적 평가의 측면을 동반하지 않는 어떤 존재도 상상할 수 없다. 그러므로 존재 차원과 의미 차원은 순환적인 동시에 상보적이다. 헤겔의 '변증법'은 존재-의미 매트릭스에 있어서의 존재와 의미 간의 위와 같은 관계를 착각하고 따라서 무시하여 의미 차원을 존재 차원에 귀속시킨 결과의 산물이다.

헤겔의 철학적 세계관이 거북하고 불편한 것은, 그의 장엄한 단 하나로 통합한 철학적 우주관은 존재-의미 매트릭스의 구조를 자신이 만든 철학적 '프로크루스테스의 침대Pro-crustean bed'에 억지로 맞추기 위해서 자기 마음대로 우주의 손과 발, 다리와 머리, 눈과 코를 성형수술한 작품이었기 때문이다. 그리스 신화에 나오는 여관 주인 프로크루스테스 내외는 돈을 벌기 위해서, 여관 침대에 맞지 않게 키가 큰 손님이 찾아오면 손님의 다리를 잘라서 재웠다는 것이다.

헤겔에 관한 위와 같은 비판은, 헤겔의 변증법적 우주 질서의 진화론으로서의 변증법적 관념론dialectical Idealism을 뒤집어서 변증법적 유물론dialectical Materialism이라는 이름의 우주관을 주장한 마르크스나 자신의 고생물학paleontology 연구에 근거해서 초월적 진화론적 우주관을 주장한 테야르 드 샤르댕,

철학적 성찰에 바탕을 두어 『창조적 진화론L' évolution créatrice』을 집필하고 우주의 근본적 실체를 '생명의 도약élan vital'으로 규정한 베르그송, 자연과학과 수학에 대한 철학적 통찰을 통해서 우주 전체 역사의 실체를 '정신적 발전 과정'이라는 진행 양태로 본 화이트헤드에게도 다 같이 해당된다.

5) 마르크스와 변증법적 유물론

지난 19세기에 철학가로서 서양의 강단철학에서 철학적으로 헤겔보다 더 큰 영향을 끼친 철학자를 생각할 수 없다면, 지난 20세기 이후 사상가 혹은 철학자로서 세계 정치·사회의 변동에 이념적으로 마르크스보다 더 폭넓고 깊은 영향을 미친 이는 없다. 철학과 이념, 철학가와 사상가를 정확히 구별하기는 쉽지 않다.

그러나 마르크스 자신의 구별대로, 철학의 본질을 물리적 현상으로서의 세계 인식과 이해에 초점이 맞추어진 지적 활동으로 규정하고, 이념은 현실로서의 인간사회적 세계를 어떤 도덕적 이상에 따른 변화와 혁명이라는 행동 프로그램에 맞추어진 전략으로 규정할 수 있다. 이런 구별에 비추어 볼 때 마르크스는 헤겔과 달리 철학자라기보다는 이데올로그이념가, 즉 '정치사상가'에 가깝다.

하지만 마르크스가 베를린 대학 재학 시절 헤겔의 강의를 직접 듣고, 그의 이론적 여러 저서를 관통하는 핵심적 개념들 및 논리 전개 방식이 결과적으로는 헤겔의 정반대, 즉 헤겔에 대한 반동으로밖에는 달리 볼 수 없다는 사실에 비추어 볼 때, 그는 헤겔과 더불어 철학자의 범주에 들어가고, 그의 사상은 이념이라기보다 넓은 의미에서의 철학으로 취급하는 것이 편리하다.

"세계를 해석하는 데 그쳤으나, 이제부터는 세계를 변혁하는 것이다"라는 마르크스 자신의 선언에도 불구하고 사정은 마찬가지다. 헤겔이나 마르크스는 다 같이 인간을 포함한 모든 것을 지칭하는 우주의 참된 그림 즉 세계관, 다시 말해서 우주 전체의 형이상학적 그림 즉 세계관을 제시하고 있기 때문이다. 비록 그들이 제시한 두 가지 세계관들이 '변증법적 관념론'과 '변증법적 유물론'으로 서로 대립되기는 하지만 말이다. 마르크스는 위와 같은 두 세계관의 차이를 다음과 같이 비교한다.

나의 변증법적 방법은 헤겔의 방법론과 다를 뿐만 아니라 그것과 정반대이다. 헤겔에 있어서 그가 '이데아'라는 이름으로 인격화한 사유의 운동은 이데아의 현상적 형태에 지나지 않는 현실의 조물주이다. 그것과는 반대로 나에게 있어서 사유의 운동은 인간의 두뇌 속에 운반되어 저장된 구체적 현실의 반영에 지나지 않는다.

그리고 마르크스는 자신의 철학적 프로그램이 머리로 걸었던 헤겔의 변증법적 관념론을 반듯이 세워 다리로 걷도록 해서 합리적인 모습을 찾아 주는 작업, 즉 헤겔의 변증법적 관념론을 변증법적 유물론으로 교체하는 작업이라고 주장했다.

어쨌든 마르크스주의를 이념으로 취급하든 철학으로 분류하든 상관없이 한 가지 확실한 것은 적어도 지난 한 세기에 마르크스만큼 인류 사회에 지대한 사상적 영향을 미친 사상가는 공자·부처·예수를 빼놓고는 존재하지 않는다는 것이다. 왜냐하면 마르크스의 사회주의적 이념과 밑바닥에 깔려 있는 유물론적 형이상학은 오늘날까지도 지구적 차원에서 대립된 두 개의 정치사회철학들 즉 자유주의/전체주의, 자본주의/공산주의로 대립하여 양분된 구도의 한 축을 이루고 있기 때문이다.

위와 같은 마르크스의 영향의 성격에서 볼 때 이른바 마르크스주의는 종교나 철학이기보다는 생물학적·사회적·정치적 동물로서의 인간이 구체적이고 현실적 삶에서 피할 수 없는 실천적 가치 선택 즉 이상으로서의 이념이다. 사회주의 이념을 외친 동유럽 국가들이 붕괴된 지 벌써 20년 이상이 지났고 아직까지 남아 있는 몇 개의 국가도 고사 상태에 빠져 있음에도 불구하고, 마르크스주의가 아직도 수많은 대중과 지식인들을 열광케 하는 이유도 바로 그 이념이 갖고 있는 정치적·사회적·도덕적·실천적·구체적 행동을 요구하고 결정하는 변수로서의 이념이기 때문이다.

철학으로서의 마르크시즘을 변증법적 유물론으로 규정할 수 있다면, 이념으로서의 마르크시즘의 목적은 인간에 의한 인간 착취가 없이 만인이 다 같이 평등하고 공평하며, 사유재산이 존재하지 않고 인류 공동체가 공유하는 생활필수품들을 사회공동체의 구성원 하나하나가 각자 자신의 필요에 따라서만 마음대로 사용한다는 원칙에 의해서 소유할 수 있다는 공평성의 원칙을 도덕적 정의 중심에 두는 이상사회의 건설이다.

마르크스에 의하면 이러한 사회 혁명 이념이 필요한 것은 지금까지의 모든 인간 사회, 특히 18세기 이후 과학기술의 급속한 발달에 힘입어 가능해진 산업혁명 이후에 자본주의가 지배하게 되면서 인간에 의한 인간 착취와 그것으로 생긴 극심한 불평등과 가난으로 비인간적인 삶에 허덕이는 대중 사회가 세계적으로 확산되었기 때문이다.

또한 마르크스에 의하면 기존의 사회, 인간의 세계는 뒤집어져야 한다. 그리고 그는 그렇게 할 수 있다고 확신하고, 그렇게 할 수 있는 방법의 이론적 근거를 제시한다. 그 이론의 중심에 인간 사회를 분석하는 유명한 '하부구조와 상부구조'라는 한 쌍의 개념과 그것들 간의 관계에 대한 유물론적 이론이 있다. 전통적으로 그리고 관념론적 형이상학의 입장에서 마음이 몸을, 정신이 물질을, 인간이 자연을 지배한다고 믿어 왔지만 알고 보면 사실은 정반대라는 것이다.

이러한 마르크스의 생각의 밑바닥에는 그의 유물론적 변증법이 깔려 있다. 그것은 인간이 고립된 생물학적 개체로서만 정의될 수 없고 '사회적 관계의 총체'에 비추어 비로소 설명될 수 있다는 것, 인간의 보이지 않는 심리적 내면에 비추어서가 아니라 그 외부로서의 자연과, 물리적 및 문화적 환경 특히 다른 인간들과의 복잡한 관계의 산물이라는 신념으로서의 인간관과 세계관이다.

상부구조가 하부구조를 결정하는 것이 아니라 그 반대로 상부구조는 하부구조의 반영이라는 것, 즉 철학과 예술을 비롯한 모든 종류의 정신적 산물로서의 문화와 문명은 그 사회의 경제적·사회적·역사적 변화의 인과적 결과물로서, 문화는 자연의 그림자에 불과하다는 것이다. 그러므로 자본주의 사회의 불평등과 비도덕성, 여러 가지 정신적 질환은 종교적 개종, 철학적 교육, 도덕적 설교로서가 아니라 교육적·사회적·정치적 환경의 개혁과 혁명을 통해서만 개선이 가능하다는 것이다.

인간의 발전은 고정된 천성의 자연적 개발이 아니라 교육과 실천적 활동을 통한 환경의 개량과 개혁을 통해서만 비로소 가능하다. 마르크스주의자들은 천성을 믿지 않고 양육을 더 중시한다. 마르크스주의가 위와 같은 식의 철학과 이념의 양면을 갖고 있다면, 그것들의 의미와 평가도 두 차원에서 수행되어야 할 것이다.

첫째, 형이상학적 세계관으로서의 마르크스주의 즉 변증법적 유물론을 보자. 마르크스의 변증법은 헤겔의 관념론적 변증법을 유물론적 변증법으로 대치했지만, 그의 변증법적 유물론은 헤겔의 변증법적 관념론과 똑같은 이유로 비판된다. 마르크스나 헤겔의 변증법은 삼라만상을 관통한다고 전제된 대자연의 근원적 작동 법칙을 지칭한다.

원래 논리라는 법칙은 과학자가 말하는 자연 현상 즉 사물들 간의 인과적 관계와는 달리 사유 간의 관념적 관계 즉 개념적 의미 간의 정합성을 지칭하며, 정합성은 양자택일兩者擇一의 판단 법칙에 의해서 그것의 옳고/그름이 결정되며, 그런 판단이 어떻게 나오든 그것의 옳고/그름은 절대로 우연적이거나 상대적이 아니라 필연적이고 절대적이다.

위와 같은 관계에서 오직 단 하나에만 한해서 '논리'라는 말이 적용될 수 있다. 논리는 단 한 종류일 뿐 두 가지 논리는 존재하지 않는다. 그런데 헤겔이나 마르크스가 말하는 변증법은 일종의 법칙 즉 규칙을 지칭하며 그 규칙은 사유·개념 간의 정합성이 아니라 모든 사물 현상 간에 존재하는 인과적 관계의 규칙성을 동시에 지칭한다.

헤겔과 마르크스의 일종의 논리로서의 '변증법'이라는 개념은 중국의 음양론陰陽論과 마찬가지로 사유·관념·개념 간의 의미론적 정합성이 아니라 모든 현상들 간에 존재하는 인과적 관계를 지칭한다는 점에서 유사하지만, 음양론의 인과적 관계가 양자택일의 이원적 관계에 있는 반면, 변증법의 인과적 관계는 정正/반反의 관계를 산출한 합合이라는 제3의 한 단계 높은 수직적 차원에서 볼 때 새로운 현상이 역동적으로 창발創發

한다는 사실에서 서로 다르다.

물론 음양론은 구체적 현상의 차원에서 양陽 즉 플러스라고 할 수 있는 가령 남성성과 음陰 즉 마이너스라고 할 수 있는 여성성 간의 순환적이며 상호보완적인 한 단계 높은 차원에서는 새로운 제3의 존재로서의 자신들이 태어난다고 주장하며, 이와 같은 논리에 의해서 원칙적으로는 생물학적 현상만이 아니라 모든 현상이 설명된다고 주장한다.

그러나 오늘날 우리가 알고 있는 논리의 본질, 자연 현상들은 그것들 간에 존재하는 어떤 인과적 관계에 의해서 개연적 설명을 할 수 있지만, 그 인과적 관계와 그런 설명의 진/위는 논리적 진/위와는 정반대로 언제나 개연적·우연적이지 절대적·필연적이 아니다.

그렇다면 그것의 형이상학적 배경이 헤겔의 경우와 같이 관념주의적이든 아니면 마르크스의 경우와 같이 유물론적이든 의식을 가진 인간은 물론 어떠한 존재도 그리고 모든 존재의 총칭으로서의 우주 현상은 변증법적으로 설명할 수 없다. 마르크스의 형이상학은 헤겔의 그것과 마찬가지로 결정적인 결함을 갖고 있다. 그들의 이와 같은 잘못된 형이상학과 세계관은 내가 주장하는 자연과 인간의 관계를 설명하는 '존재-의미론적 매트릭스'의 개념을 구성하는 '존재 차원'과 '의미 차원' 간의 순환적이며 상보적이고 상대적인 관계를 착각하여 단 한 가지 차원으로 환원시켜 이해했기 때문이다.

둘째, 우주의 상부구조의 고지에서 한참 밑에 있는 하부구조로 내려와서, 만인이 평등하고 풍요한 공산주의적 사회공동체를 건설하는 밑그림으로서의 프로그램, 즉 이념과 정치사회 이론으로서의 마르크스주의를 검토해 보자. 마르크스의 사상을 이해하고 그 의미를 평가하는 데 이 부분은 강단철학자를 제외한 모든 이들이나 마르크스 자신에게 훨씬 더 중요한 문제였고 현재도 그렇다.

이념으로서의 마르크스주의가 말하는 것은, 인간과 그가 만든 정의롭고 합리적이고 도덕적이고 평등하고 풍요롭고 자유로운 사회 구조와 그 내부에서의 다양한 문화적 창조와 향유는 자연과 형이상학적으로 전혀 다른 현상적 존재가 아니라 우주의 서로 다른 면에 지나지 않으며, 그 모든 것 즉 우주는 근본적으로 물질로 환원된다는 것이다.

동물과 달리 인간은 물질적·생물학적 욕망 이외에도 지적·미학적·도덕적 가치를 끊임없이 의식하고 추구하는 특수한 동물이다. 그러나 변증법적 유물론을 믿는 한에서 마르크스주의는 어떤 차원에서 보자면, 자연과 대치되는 인간 및 그의 속성인 문화의 개념에 전제된 정신도 자연 현상과 마찬가지로 궁극적으로는 물질로 환원된다. 여기서 정신과 문화가 물질로 환원된다는 말은 정신과 문화가 없어진다는 말이 아니라 근본적으로 동일한 형이상학적 실체인 물질의 다른 존재 양태들임을, 서로 다른 층위임을 의미할 뿐이다.

마르크스 이전 사람들이 정신이 육체를, 문화가 경제적 및 정치적 현실을, 즉 상부구조가 하부구조를 결정한다고 믿어 왔던 바와는 정반대로 마르크스는 하부구조는 상부구조를 결정하는 사실을 반영할 뿐이라고 주장했다.

이와 같은 마르크스의 분석은 그의 변증법적 유물론과 일관성을 갖추고 있다. 사회적 불평등, 자본주의 사회에서 불가피했던 경제적 착취와 빈부의 격차, 사회 건설의 절차로서 정치 사회적 조건들, 즉 사회의 하부구조의 구조적 혁명을 부르짖은 이유가 바로 위와 같은 그의 현실 인식에 있었다.

마르크스는 사회정의 차원에서 역사를 관통한 인류의 진보를 확신하고, 유물론적 경제학자로서 인류의 발전적 진보는 지구가 존재하면서부터 이미 우주적 차원에서 결정된 것으로 믿어야 했다. 형이상학적으로 결정론자인, 따라서 숙명론자인 마르크스가 잔인하고 과격하기 짝이 없고 피비린내 나는 과격한 혁명을 선동했던 사실은 그의 사상 및 이론과 그의 행동에 일관성이 없었음을 드러낸다.

위의 사실들은 마르크스주의에 문제가 많았다는 것을 입증한다. 앞서 보았듯이 그의 철학적 세계관은 보완되어야 할 점이 너무 많다. 특히 지난 한 세기의 세계사를 뒤돌아 볼 때 그의 이론으로는 수많은 정치적·사회적·경제적 현실 인식에 많은 문제가 일어났고, 그의 예언은 대부분 완전히 빗나갔다. 공산주의 종주국인 러시아와 동유럽의 사회주의 국가들을 비롯해서 신진 사회주의 국가였던 베트남과 거대한 중국과 같은 공산주의 국가들은 무너졌으며, 자본주의 체제로 탈바꿈하기에 허덕이는 중이다.

마르크스는 위대한 사상가이자 정치적 선동가였다. 그러나 그가 위대한 지성인이었음에도 불구하고, 현실을 좀 더 자세하게 그리고 섬세하게 관찰하여 사유하지 않고 성급하게 관념으로 만든 마르크스주의라는 침대에 맞추려 했던 데에 그의 문제가 있었던 것이다. 자연·우주·세계·정치·사회 그리고 인간은 알면 알수록 마르크스가 생각했던 것보다 훨씬 더 복잡하다.

6) 하이데거와 현존재로서의 인간

하이데거는 20세기 초 '현상학'이라는 이름의 새로운 철학적 탐구의 혁명적 방법을 발명한 스승 후설Edmund Husserl보다도 더 혁명적이고, 세계적으로 더 지대한 영향을 오늘까지도 미치고 있는 20세기 중반의 철학자이다. 그는 많은 철학적 및 정치적 적을 갖고 있고, 지난 한 세기 동안 가장 독창적이고 심오하며 또한 가장 난해한 철학가이기는 하지만 광범위한 철학적 사유를 보여준 철학자이다.

하이데거의 독창성과 영향력은 어디에 있는가? 나는 그가 위와 같은 서양사의 인간 중심적 세계관, 그 밑바닥에 깔려 있는 이원론적 형이상학, 그 속에 함축된 이성 중심적 즉 좁은 의미에서의 합리주의적 서양의 인간관에 대해 철저한 비판을 했으며, 이런 점에서 그의 인간관과 세계관이 동양의 사상과 유사하다는 데 있다고 믿는다.

힌두교와 불교, 도교와 유교로 대표되는 동양의 종교적 및 철학적 사상에서 인간이라는 동물은 우주의 일부로서 다른 삼라만상과 절대적인 존재론적 구별이 존재하지 않고, 그것들 간의 차이는 애매모호하거나 아니면 궁극적인 차원에서 차이가 없다. 이러한 사실은 천명을 언급하는 유교를 제외한 3대 동양적 사상에서는 더욱 분명하지만 깊이 따지고 보면 유교 자체 속에도 근본적으로 마찬가지다. 동양 사상의 밑바닥에는 막연하나마 일원론적 형이상학이 지배적이었다.

서양의 경우에 사정은 다르다. 물질과 정신, 육체와 영혼, 감성과 이성, 자연계와 초월계 간의 이원론적 형이상학은 기독교로 대표되는 서양의 종교와 플라톤·데카르트·칸트·후설·사르트르 등으로 대표되는 철학자들에 의해 적어도 20세기 중반까지의 서양 철학을 대체로 지배해 왔다.

삼라만상 가운데서 오직 인간만이 정신·영혼·이성·초월성을 갖고 있고, 이런 점에서 인간이 육체를 갖고 있지만 그의 정신은 마치 물에 용해되지 않고 그 위에 떠 있는 기름처럼 아무리 망치로 쳐도 대리석에 절대로 흡수되지 않는 플라톤의 영혼, 데카르트의 코기토, 칸트의 선험적 자아, 후설의 본질직관, 사르트르의 대자 즉 자기반성적 의식이라는 수은방울 같은 형이상학적 존재라는 신념이 바로 그것이다.

그것은 인간이 자연 속에 육체라는 몸을 갖고 살고 있으면서도, 자연이나 몸과 절대로 혼동되어서는 안 된다는 이원론적 세계관과 물질적·육체적·감각적 차원을 넘어서 있는 형이상학적·비육체적·지적·이성적·영적 속성이 인간을 다른 모든 영장류와도 구별하게 해준다는 믿음이다.

그 속성이 동반하는 기능과 힘과 특권에 인간은 언제나 자부심을 갖고 자신이 자신 이외의 모든 존재들에 대해서 취하는 비도덕적인 행위를 자신이 창조적 유일신인 절대자로부터 특별히 부여받은 은총으로 믿고 도덕적으로 정당화해 왔다.

하지만 따지고 보면 위와 같은 자기중심적이며 독선적인 인간관은 서양의 종교나 철학에만 있었던 것이 아니라 동서고금을 막론하고 어느 곳에서나 모든 인간들이 막연하게나마 갖고 있던 자기중심적 사고 양식이었고, 자신의 존재론적 유일성에 관한 형이상학적 신념이기도 했다.

하이데거의 철학은 여러모로 신선하고 혁신적인 측면들을 갖고 있지만, 그중에서 가장 중요한 점의 하나는 서양 철학의 중심에 큰 변화가 없이 흐르고 있는 물리적인 것과 정신적인 것, 자연과 인간, 몸과 마음 간에 존재론적 단절 즉 이원론적 형이상학적 특수성을 해체하고, 자연과 인간, 몸과 마음 간의 연속성을 관념적이거나 동물적인 인간이 아니라 살아 있는 인간의 구체적인 실존적 경험에 대한 깊은 통찰과 분석을 통해서 '기초존재론'이라는 이름의 일원론적 세계관을 창안해 낸 점이다.

하이데거는 이와 같은 새로운 존재론을 통해서, 지금까지 특히 과학적·유물론적 세계관이 지배하게 되면서부터 우주·자연·땅으로부터 절대적으로 단절하여 소외되어 고독한 '실존'으로서 인간은 마침내 그러한 자신의 정체를 발견하고 그것을 토대로 자신이 존재론적으로 처한 고독을 초극할 수 있는 길을 처음으로 보여준 철학자인지 모른다. 이러한 사실은 그의 철학적 집착이 인간에 대한 근원적 성찰로서의 철학적 인간학인 측면이 강하다는 사실에서 드러난다.

이런 사실에 비추어 볼 때 그 자신의 거부에도 불구하고 사르트르가 그의 철학을 '유물론적 실존철학' 혹은 '실존주의적 존재론'으로 분류하여 철학사적인 자리매김을 했던 것은 우연이 아니다.

혁명적인 독창적 철학자이기에 하이데거의 철학적 주장의 전개는 전통적인 철학적 담론에서는 찾아볼 수 없을 만큼 아주 신선하지만 언제나 아주 낯설고 독특한 언어와 개념과 논리로 가득 차 있다. 그의 존재론의 경우도 마찬가지인데, 존재론은 그의 철학적 출발점이자 귀착점이다.

하이데거는 우주의 만물을 존재存在 즉 있음Sein·존재자存

在者, Seinende·현존재現存在. Dasein의 세 범주로 분류했는데, 그것들은 각각 첫째, 존재일반Being in general, 둘째, 세계 world, 셋째, 인간human species을 지칭한다.

첫 번째의 존재는 인간에 의해 분류되기 이전의 원초적 즉 본래적 존재의 총칭이고, 두 번째의 존재인 세계는 인간이 자신이 만든 개념으로 무한히 분화된 개별적 인식 대상들 즉 삼라만상 모두 즉 사물들을 개별적으로 뜻하며, 세 번째의 존재는 삼라만상 개념에 포함되기는 하지만 유일하게 특징을 갖고 있는 독특한 방식으로 존재하는 사물로서의 '인간'을 지칭한다.

하이데거에 의하면 지금까지의 모든 철학이 철학적으로 만족할 수 없었던 것은 위와 같은 존재들 간에 존재하는 구별을 인식하지 못하고 그것들을 뒤범벅으로 섞어서 인식론적으로 혼돈하여, 지금까지의 존재론ontology은 그것이 물질이든 인간이든 오로지 개별적 사물 현상들만을 다룬 영역존재론 regional ontology 즉 특정한 사물 현상들의 개념 규정에만 몰두하여 "이것이 무엇이냐?"라는 물음만 던졌을 뿐 기초존재론fundamental ontology의 물음 즉 '존재한다'라는 낱말의 일반적 의미가 대체 무엇인가라는 물음을 던지지 않았기 때문이다.

하이데거에 의하면 영역존재론의 차원에서 말할 때 '존재자'가 우리가 구별하는 수많은 사물들이나 사건들의 개별적 범주들, 가령 '개'·'침팬지'·'산'·'바다'·'자동차'·'컴퓨터'·'꽃'·'벌레'·'까치' 등등의 낱말들이 각각 지칭하는 것을 의미한다면, 기초존재론의 차원에서 말할 때 '존재Sein'라는 낱말의 의미는 사물 삼라만상의 각각의 범주 개념들과 일치하는 것과는 달리 그냥 '현현·진리presence-aletheia' 즉 '나타남이라는 사건Ereignis' 즉 운동 자체를 뜻한다. 그렇다면 어떻게 이러한 '사건들'·'나타남'이 가능한가? 이 물음에 대한 대답은 하이데거가 말하는 세 번째의 '존재로서의 현존재Dasein' 즉 인간의 형이상학적인 특수한 존재론적 위상에서 밝혀진다.

인간을 제외한 삼라만상 전체로 구성된 세계는 사건 혹은 현현으로서의 존재일반의 다양한 모습에 지나지 않는다. 인간도 보기에 따라 우주 안에서 명명하는 하나의 사물의 한 범주에 지나지 않는다. 그러나 조금 앞에서 보았듯이, 서양의 전통적 종교나 철학에서 믿어 왔던 것처럼 인간은 자연계의 삼라만상과 형이상학적으로 구별되지 않고 영속적 관계에 있으며, 똑같은 원리에 의해서 인간의 의식 즉 마음은 그의 육체 즉 몸과 다른 차원에 위치하고 있지만 존재론적으로 서로 단절이 아니라 연속적 관계를 갖고 있다.

다시 말해서 인간은 자연이라는 수면 위에 떠도는 기름이 아니며, 인간의 마음은 그의 몸이라는 대리석 바닥에 굴러다니는 수은방울이 아니라 근원적으로 나무가 뿌리를 박고 있는 흙과 떨어져 존재할 수 없는 것과 같이 유기적인 즉 어떤 개념으로도, 어떤 언어로도 명확히 그리고 충분히 서술할 수 없는 살아 있는 관계를 갖고 있다는 것이다.

이런 의미에서 "인간은 땅에서 시적으로 거주한다"고 하이데거는 말한다. 이것은 침묵과 어둠 속에 잠겨 있던 삼라만상이 궁극적으로 그 모습과 뜻을 알 수 없는 존재/우주의 성스러움을 존재론적으로 특수한 인간에 의해서 막연하나마 들을 수 있고, 그 의미를 짐작할 수 있다는 것이다.

이런 점에서 인간, 그의 언어 특히 그의 시적 언어는 세계를 밝히고, 우주의 비밀을 짐작하고, 그것의 성스러운 메시지를 아른아른하게나마 경청하고, 신의 원초적 목소리를 듣고, 그가 인류를 구원해 주기를 기다릴 수밖에 없다는 것이다. 왜냐하면 우주의, 자연의, 존재의 비밀을 다소나마 드러내 보일 수 있는 사람은 과학자보다도 철학자요, 철학자보다는 횔덜린Friedrich Hölderlin 같은 시인이기 때문이다. 시인에 의해서만이 전달될 수 있는 존재의 원초적 메시지만이 인간으로 하여금 우주의 은혜성, 즉 궁극적 진리에 접할 수 있다는 것이다.

그래서 하이데거는 "원초적 언어는 존재의 건립으로서의 시詩이다"라고 말하고, 그가 작고하기 얼마 전에 가졌던 독일의 주간지 『슈피겔Spiegel』과의 인터뷰에서 "오직 신만이 구원할 수 있다"라고 했을 때 그는 철학적 사유의 경계선을 넘어 종교적 신앙고백의 영역에 이미 들어서 있었던 것으로 짐작된다.

이쯤 되면 하이데거의 생각과 말, 글과 저서는 철학의 차원을 넘어서 시로 변하고, 그냥 시라고 말하기보다는 우리의 마음만이 아니라 몸 전체를, 인간만이 아닌 모든 짐승, 산천초목을 홀리는 마술적 주문에 가깝다. 이러한 매력, 아니 마력에도 불구하고, 아니 바로 그런 것 때문에 하이데거의 철학적 언어와 거기에 담긴 사유와 주장에는 철학적 차원에서 볼 때 분명히 문제가 있음이 지적될 수 있다.

그러나 이러한 나의 문제 지적에 대해서 하이데거 자신은 물론 그의 철학을 추종하는 철학자들은 그가 이미 철학의 영토에서 시와 종교의 피안으로 이주했음을 지적하고 그의 철학에 대한 나의 비판이 문제의 초점을 잃은 것이라는 지적을 할 것이다.

하지만 여기서 우리가 논의하는 것은 시적 언어의 인지적 우월성이나 신앙고백의 심오성이나 진실성이 아니라 어디까지나 이성과 경험에 근거한 철학적 사유의 의미와 그러한 언어에 담긴 주장의 타당성이다. 비록 하이데거의, 특히 그의 만년의 철학이 통상적 의미에서 철학의 영역을 적어도 겉으로 보기에 벗어났다 하더라도 사정은 마찬가지다. 이런 경우에도 우리는 언뜻 보아 주술적 힘을 갖고 있는, 감성적으로 우리의 가슴을 흔들어 놓는 후끈한 그의 시적 언어를 차디찬 철학적 언어로 바꾸어 해석하여 이성적으로 소통할 수 있는 철학적 의미를 부여해서 해석할 수 있고 또 그렇게 해야 하기 때문이다.

이러한 작업은 인간에 있어서의 인식과 그 대상과의 관계의 보편적이자 필연적이며 구조적 틀이자 잣대인, 필자가 고안한 '존재-의미 매트릭스'라는 개념에 비추어 보면 가능하다.

인간의 본질을 의식과 사유 즉 인식적 능력을 지닌 동물로 규정하고, 의식과 사유는 반드시 무엇인가의 대상에 대한 의식과 사유이며, 그것들 간의 관계는 서로 떼어 생각할 수 없는 단하나의 '존재-의미 매트릭스' 즉 인과적으로만 설명할 수 있는 존재론적 측면과 언어적으로만 해석할 수 있는 의미론적 측면이라는 서로 논리적으로 다른 두 가지 측면이 있으며, 이것들은 상호의존적일 뿐 아니라 상호보존적인 관계로 얽혀 있는 단 하나의 '존재-의미 사건'으로 표시할 수 있다. 그리고 사건의 존재론적 차원에서의 인과적 밀도와 의미론적 차원에서의 해석적 투명성은 수치적 측정을 위해서 인간과 그 대상 간의 관계를 구성하는 '존재-의미 매트릭스'라는 잣대를 편의상 0도에서 1도 간의 수치로 차등화할 수 있다.

여기서 한편으로 수치 0도는 한 인간이 생물학적 존재 즉 존재 차원에 귀속된 상태와 그가 의식적 주체로서 의미 차원에 귀속되는 상태 간의 분기점 즉 특이점singularity, 다시 말해서 생물학적 인식 대상으로서 존재와 인간으로서의 인식 주체로서의 존재 사이의 애매모호한 경계선에 서 있다. 이때 인간의 지적 수치는 아메바의 지적 수준에 비유되어 최하위의 발달 수준을 나타낸다.

다른 한편으로 존재-의미 매트릭스 상의 수치 1도는 인간이 영장류로서 가장 투명한, 즉 최상위의 의식과 인식 즉 절대적 창조자인 유일신의 절대적 인식의 수치에 가까워져 최고의 이상적 수준에 도달한 지적 상태를 표시한다.

위와 같이 기술한 존재-의미 매트릭스의 잣대로 측정해 볼 때 아마도 대부분의 인간은 아침에 잠을 깨서 저녁에 잠들 때까지, 그리고 일생 동안, 존재-의미 매트릭스의 수치 0.1에서 0.7/8 사이를 왔다 갔다 하고 있는 것이 아닐까 추측된다.

존재-의미 매트릭스라는 위와 같은 잣대에 맞추어 볼 때, 수많은 하이데거의 언명 중에서, 특히 그가 말년에 한 다음과 같은 여러 말들, 가령 "인간은 시적으로 거주한다", "언어는 존재의 집이다. 이 주거에 인간이 거처한다", "시인은 본질적인 것, 즉 낱말을 말함으로써 이러한 명명을 통해서 존재자를 비로소 그것이 무엇인 것으로 불러낸다", "사유자는 존재를 말하고 시인은 성스러움을 명명한다", "시인은 자연과 인간 간의 중간에 있다", "원초적 언어는 존재의 건립으로서의 시이다", "사유는 말하고 시인은 성스러움을 명명한다" 등 수많은 언명들에 비추어 볼 때, 하이데거는 자연과 밀착한 원초적 삶과는 날이 갈수록 멀어진 과학기술 문명의 도시 생활보다는 시골에서 대지와 밀착하여 자연의 리듬을 따라 사는 삶을 더 동경하고, 건조하고 차디찬 개념적 분석 작업에 몰두하고 있는 대학의 강단철학자보다는 쟁기를 밀고 밭을 갈며 손에 흙을 묻히며 농사를 짓고 사는 농부들의 삶을 동경하고, 잃어버린 자연과 땅으로 돌아가고 싶어 했던 것이 아닌가? 그리고 그러한 세계와 삶은 과학적이나 철학적이나 종교적이 아니라 시적 언어로만 가능하고 진정한 삶, 자연, 세계, 초월의 경험은 과학이나 철학이 아니라 시적 언어로만 표현할 수 있다고 확신했던 것 같다.

하이데거는 수많은 철학자들 가운데서도 어쩌면 우주 안에서는 물론 자연과 문화 속에서, 사회에서 그리고 자기 자신의 내부에서 가장 처절한 자기분열과 고독을 느끼고, 시인 횔덜린과 더불어 잃었던 고향, 신화적 파라다이스에로의 귀향을 처절하게 꿈꾸었던 이 세상의 이방인이 아니었던가 생각된다.

하이데거가 이러했던 것은 인간이 진화를 거듭하고 문명을 발전시키는 과정에서 어쩌면 불가피했던 신과 인간, 자연과 문명, 세상과의 불화와 소외, 아니 사르트르 식으로 말하면 자기 자신 내부에서의 즉자와 대자, 동물과 인간, 남과 나, 삶과 죽음, 마음과 몸, 이성과 감성 등등 간의 피할 수 없는 분열과 갈등을 느끼고 그것을 극복하려고 했기 때문이 아니었을까?

또한 그것은 그가 형이상학적 다원주의자가 아니었음은 물론 플라톤에서부터 줄곧 이어 왔던 이원론적 형이상학, 인간 중심적이자 의인적 형이상학과 삭막한 과학적 인식론을 초월한 자연 중심적, 생태 중심적, 미학적 인식론에 기초한 일원론적 세계관을 무의식적이나마 추구했고, 이미 처음부터 그 속에 있었기 때문이 아니었을까?

그가 기독교적 종교인이자 신비주의자 같은 모습을 보이는 때도 적지 않지만, 그의 세계관은 양자역학에서 드러난 과학적 세계관과 근본적으로 다르지 않다고 나는 생각한다. 어쨌든 하이데거는 과학기술 문명의 의미, 우주 안에서의 인간의 위상과 그 의미를 근본적인 차원에서 다시금 생각하게 해주었다는 점에서 볼 때 여러 차원에서 지극히 중요한 철학자다. 그가 나치 통치 하에서 행한 지식인으로서의 정치적 행적에 관한 비판이 사라지지 않고 있더라도 이 같은 그의 철학적 중요성은 달라지지 않는다.

7) 비트겐슈타인과 철학의 종말

20세기 전반기의 서양 철학은 두 가지 종류로 분류될 수 있다. 그것들은 전통철학과 이단적 철학 즉 전통적 유럽 대륙을 지배한 현상학 및 실존주의와, 역시 유럽에서 불이 붙기 시작했지만 영어권을 대표하는 영국과 미국에서 성장하고 활짝 피어 전 세계로 번져 나갔던 논리실증주의에 바탕을 둔 분석철학 두 가지 범주로 분류할 수 있다.

이른바 대륙철학이라고도 불리는 현상학과 실존주의 철학

을 대표하는 철학자 하나만을 언급하라면 아무래도 하이데거를 꼽을 수 있으며, 다른 한편으로 논리실증주의와 분석철학을 대변할 수 있는 철학자 한 사람을 언급하라면 그 이름은 아무래도 비트겐슈타인을 들 수밖에 없다고 나는 생각한다.

그러나 비트겐슈타인은 하이데거와 사뭇 다르다. 하이데거의 철학이 대학 강단 내부에서는 반전통적·이단적 요소가 농후한 비강단적·비직업적 요소를 갖고 있었음에도 그는 처음부터 끝까지 대학의 철학과 내부에 남아 평생을 철학만 하면서 긴 일생을 보낸 제도적 강단철학자였다.

반면 비트겐슈타인은 전혀 다른 삶을 살고 전혀 다른 방식으로 철학, 대학 그리고 사회와 관계를 맺고 비교적 짧은 삶을 살았다. 하이데거가 직업적 철학자였다면, 비트겐슈타인 이단적·야인적·보헤미안적 철학자의 삶을 살았다. 하이데거가 플라톤 이래로 정도에서 이탈한 철학을 정도에 되돌려 철학다운 원래적 철학을 재건하려고 평생을 바쳤다면, 명상적이고 깊은 시적 사색가였던 비트겐슈타인은 철학을 해체하고자 했던 천재적 논리학적 사유가였다.

하이데거의 논리와 주장에 문제가 있는 것처럼 비트겐슈타인의 언어관과 철학관에도 문제는 있다. 비트겐슈타인의 경우

전기에는 철학의 모든 근본 문제를 역사상 처음으로 해결했다고 스스로 확신하고 철학계 전체를 감탄하게 했던 작은 책자 『논리-철학 논고Tractatus Logico-Philosophicus』에서 '그림으로서의 언어관'과 '진리 탐구로서의 철학관'을 통해서 지금까지 해결되지 않았던 철학적 문제를 풀었다고 당돌하게 선언했다.

그러나 자신의 후기 저서 『철학적 탐구Philosophische Untersuchungen』에서는 초기 저서 『논리-철학 논고』에서의 주장을 완전히 뒤집어 '놀이게임'로서의 언어관과 '언어적 혼란으로 생기는 사유 혼란의 치유'로서의 철학관을 내놓았음에도 불구하고 문제가 있기로는 하이데거의 경우와 마찬가지다.

비트겐슈타인의 문제는 다음과 같은 세 가지 점에서 드러난다.

첫째, '그림으로서의 언어관'의 문제이다. 세계는 인간의 인식 작용과 독립적으로 존재하며, 발견과 서술의 대상이라는 아주 보편적인 신념이 전제되어 있다. 그러나 이러한 신념은 세계란 인식과 떼어 생각할 수 없고, 인식이란 인식 활동과 독립되어 존재하지 않으며, 기계적 발견의 대상이 아니라 인간이 외부에서 받는 혼동된 경험의 감각적 소재로 그에게 선천적으로나 문화적으로 이미 결정된 어떤 양식 즉 틀에 의해서 구성된 관념적이고 언어적인 제품에 불과하다는 사실을 망각한 데서 잘못 유래한 것이다.

둘째, 언어 이전의 철학은 생각할 수 없지만, 적어도 철학적 언어는 단순한 '놀이'가 아니며, 철학적 사유는 언어적 혼동의 부산물이 아니라 세계와 삶의 혼란에 기인한다. 그것은 세계 인식과 그것의 의미를 이해하고자 하는 인간의 본원적 소망의 표현이며 지적 활동이다. 철학의 요청이 개념적 즉 언어적 의미의 명료화를 의도하지만 철학이 곧 언어학이 될 수 없으며, 언어적 명료화가 철학적 사유의 필수조건이지만 충분조건은 아니다. 철학은 언어의 의미 규정을 전제하지만 그러한 언어적 의미를 넘어 그것이 지칭하는 사실/존재, 즉 어떤 의미로서의 '진리'를 추구한다.

셋째, 비트겐슈타인은 "말할 수 없는 것에 대해서는 침묵해야 한다"고 주장한 것으로 유명하다. 그러나 이러한 그의 주장은 전혀 새로운 것이 아니다. 중국에서 공자의 유교와 더불어 아니 더 심오한 철학적 사상으로 알려진 도교의 창시자인 노자의 『도덕경』은 "도道라는 진리는 도라는 말로 표시할 때 그 진리는 이미 진리가 아니다道可道非常道"라는 말로 시작된다. 노자의 이러한 주장은 그의 이름, 그 책의 제목 이상으로 유명하며, 가장 깊은 우주적 진리를 나타내는 것으로 해석되어 널리 알려져 있다. 노자의 위와 같은 명제는 언어가 비언어적 대상·존재·사실·사건보다 언제나 열등하다는 주장이다.

이런 생각은 비단 동아시아의 사상가 노자의 전유물이 아니라 불교 특히 선불교의 핵심에 있고, 동서고금의 많은 시인 및 신비주의자들의 의식 밑바닥에 깔려 있다. 기쁨이든 아픔이든 강렬한 감정을 느끼는 순간 모든 이들은 강렬한 경험을 한다. 우리가 논리적으로는 물론 감성적으로 하는 인식·의식과 모든 현상과 세계의 경험과 그것의 전달은 언어를 매개로 해서만 가능하지만 전달 매체로서의 언어와 전달하고자 하는 의식과 인식 대상은 근본적으로 다를 수밖에 없다는 사실은 동어반복적인 논리적 진리이기 때문이다. '도'라는 자연의 보편적이고 근원적인 작동 원리와 법칙을 지칭하는 낱말이나, '강아지'라는 구체적인 개를 지칭하는 낱말이 구체적인 개가 아님은 가장 기본적이고 누구에게나 너무나도 단순하고 자명한 논리적 진리이다.

그렇다면 언어와 그것이 재현하려는 대상 간의 피할 수 없는 간극의 존재를 환기시켜 주려는 노자나, 선불교의 선자들의 화두공안라는 테크닉이나, 말할 수 없는 것에 대해서는 침묵을 지키라는 비트겐슈타인의 요청은 존재와 언어에 관해서 전혀 천재적인 발견이 아님은 물론 아무런 새로운 정보도 아니다.

그럼에도 불구하고 일반인들에게는 물론 철학자에게도 그렇지 않게 인식되어 온 이유는 어디에 있는가? 이에 대한 대답은 우리가 만들어 낸 철학적 개념인 '존재-의미 매트릭스'라는 모든 인식과 대상 간의 관계에 논리적으로 함축되고 있는 관점에 비추어 해석되고 설명될 수 있으며, 비트겐슈타인의 문제도 '존재-의미 매트릭스'라는 잣대의 관점에서 접근해서 풀수 있다.

'존재-의미 매트릭스'는 인간과 그 의식 대상과의 관계에 내재된 필연적인 두 차원들, 즉 한편으로는 존재론적 즉 물리적 측면과 다른 한편으로는 의미론적 측면이 있으며, 그것들의 관계를 수치화해서 볼 때 두 개의 측면들은 수치적으로 표현하자면 서로 반비례로 긴장된 갈등관계를 갖고 있다.

인식 주체 즉 의식으로서의 인간이 그 대상과의 존재론적 즉 물리적 거리를 좁히면 좁힐수록 그의 대상에 대한 의미론적 즉 인식적 투명성은 상대적으로 축소되고, 마침내 그것들 간의 거리가 완전히 사라지는 순간, 즉 인간의 의식이 완전히 증발하여 동물이나 식물이나 흙이나 돌과 같은 무의식 상태에 빠진다면 인간과 그 대상 간의 관계는 물리적 인과관계로 환원되고 전의식 혹은 무의식 상태에 빠져 있게 될 경우 세계는 '말'이 없는 무한한 침묵, 무분별의 무의식 즉 어둠과 평화로운 자연 속에 파묻혀 잠들고 우주 전체는 아무것으로도 전혀 구별할 수 없는, 힌두교와 선불교 그리고 노장이 말하는 단 하나의 혼동 혹은 통합 혹은 무분별, 즉 '무'·'공'·'허' 혹은 '언어로 말할 수 없는 상태'에 들어가게 될 것이다.

힌두교·선불교·도교·신비주의자들이 말하는 '무'·'공'·'허'·'언어로 말할 수 없는 것' 등의 낱말은 인간과 그 대상 간의 무한히 다양한 층위의 관계를 표시하는 '존재-의미 매트릭스'의 존재론적 극단의 층위 즉 인식적 주체와 그 대상의 반비례적 관계를 갖는다. 이때 인식적 주체로서의 인간의 의식에 최고 층위, 즉 가장 투명해져 그것이 폭발할 만큼 팽창해서 그 대상과의 존재 차원 관계가 거의 단절된 상황, 즉 인식이 정신분석학적으로 병적으로 과잉된 상태에 놓일 수도 있다.

프로이트Sigmund Freud의 정신분석학적 개념으로 표현하자면 인식 주체로서의 자아ego가 초자아super-ego, 즉 무한 역행적 반성력을 발휘하는 의식 상태에 놓일 수도 있다. 인간과 그 대상의 관계가 극치에 이를 때, 그 관계는 궁극적으로 끊어지고 파열되어, 인간은 의미 차원과 존재 차원 속으로 흡수되어 인간으로서 더 이상 존재할 수 없고, 다시금 자연의 우주적 시원의 어둠 속으로 침몰하게 된다. 존재-의미 매트릭스의 관점에서 볼 때 인식 주체로서의 인간과 자연, 주체와 객체는 존재 차원에서 볼 때 서로 분리할 수 없이 단 하나로 연속되어 있지만 의미 차원에서 볼 때 서로 전혀 다른 두 개의 항項으로 단절되어 있다.

'인간'과 '자연'이라는 두 낱말 각각의 의미, '주체'와 '객체', '사람'과 '침팬지', '마음'과 '몸' 각각 한 쌍의 낱말들의 의미는 물리적으로 인과적 법칙에 의해서 연결되어 있다. 이런 점에서 주체와 객체, 사람과 침팬지, 마음과 몸, 이것과 저것은 의미 차원에서 볼 때는 분명히 다르지만, 존재 차원에서 볼 때는 각각 서로 간에 구별이 되지 않는다.

의미 차원에서 볼 때 위의 것들은 독립적으로 존재하지 않고 이름 붙일 수 없는, 말할 수 없는 단 하나의 한 측면에 불과해서 힌두교·불교·도교 그리고 비트겐슈타인이 말하는 '무'·'공'·'허'·'말할 수 없는 것'이라고 서술할 수 있다. 사물들 혹은 경험들 간의 위와 같은 관계는 존재-의미 매트릭스의 잣대에 비추어 볼 때, 또 존재의 차원에서 본 서술로 이해할 때,

아주 자명하고 단순한 진리가 된다.

위와 같은 개념들을 존재-의미 매트릭스에 비추어 풀어 볼 때, 아주 심오하고 어렵다는 종교적 혹은 철학적 낱말들의 의미는 알고 보면 아주 단순하고 무척 쉽게 이해할 수 있는 자명한 진리 즉 옳은 말이지만 새삼스러운 것이 아님을 알 수 있다.

전통적으로 오래전부터 위와 같은 개념들을 둘러싼 철학적·종교적·언어학적 논의가 분명한 대답 없이 끝없이 계속되어 왔던 것은 인간과 자연, 인식과 존재 사이에 놓여 있는 언뜻 보아 모순된 개념인 '존재-의미 매트릭스'적 관계의 본질을 잘 이해하지 못한 데 기인하는 것이다. 그리고 '존재-의미 매트릭스'가 모순되어 보이는 것은 인간과 자연, 주체와 객체, 마음과 몸, 의미와 존재 등 간의 관계가 선형線型적이 아니라, 고대 그리스의 신화적 동물인 우로보로스Ouroboros나 자신의 내장을 자기부정적으로 뜯어먹고 사는 신화적 동물 하이에나 hyena처럼 영원회귀적으로 순환적 구조를 갖는 양립할 수 있는 일원론적 형이상학을 전제하고 있기 때문이다.

이러한 사실은 데카르트의 철학이나 기독교적 서양 종교에 깔려 있는 정신계와 물질계, 저승과 이승 간의 이원론적 존재론에서처럼, 의식과 몸, 주체와 객체, 인간과 자연, 무無와 존재存

在 사이의 형이상학적 단절을 전제하는 실존주의 철학자 사르트르의 잘못된 이원론적 세계관에서 더욱 분명하게 드러난다.

8) 사르트르와 인간의 실존

사르트르는 사유하는 의식으로서의 자아와 그 대상으로서의 몸을 철저하게 다른 존재로 양분했던 데카르트가 그러했듯이 우주의 모든 존재를 대자對自, l'être-pour-soi와 즉자卽自, l'être-en-soi라는 두 가지 범주로 양분하는 이원론적 형이상학을 선언한다. 그것들은 각각 인간에게서만 발견되는 인지적 의식과 그 대상을 지칭한다.

전자의 본질이 언제나 그 자체만으로는 결함manqué 즉 무無, néant 혹은 비어 있는 존재, '없음 즉 공백으로서만 있는 존재', 따라서 필연적으로 무엇인가로 스스로를 채우려는 언제나 '욕망'에 찬 존재라면, 후자는 언제나 그 자체로서 부족함이 없는, 즉 속이 꽉 찬 존재이다. 한층 더 구체적으로 말해서 그것들은 각각 인간, 더 정확히 말해서 인간의 의식과 그것의 필연적인 대상으로만 존재할 뿐 그 자체로서는 무의식으로만 존재하는 삼라만상을 가리키는 낱말들이다.

이런 점에서 즉자로서의 삼라만상들을 오랜 수행 끝에 열반의 경지에서 이르러서 코가 깨지고 귀가 잘려 나가도 미소를 짓고 있는 부처상에 비유할 수 있다면, 대자는 천방지축으로 소란을 피우거나 허전한 마음의 상태에서 불만과 불평에 가득차 한순간도 태연하고 안정된 태도를 갖출 수 없는, 미숙하고 상스럽게 늘 안절부절못하는 약간 정신 나간 속물적俗物的 인간상에 비유할 수 있다.

사르트르는 위와 같은 속성을 드러내는 대자의 행실과 모습을 '자유'의 징표로 파악하고 그러한 자율성이야말로 인간의 본성으로 규정하여, "인간은 **자유를 선고**받았다"라고 선언한다. 그것은 인간의 본질이 '의식'이며, 의식의 존재 방식은 '무' 혹은 '공' 즉 인과법칙에서 해방되어 있는 존재로서 존재하기 때문이라는 것이다.

그러나 그의 자유는 반드시 축복이 아니라 저주일 수 있다. 자유로운 존재로서 인간은 매 순간 오로지 자신의 선택에 따라 자신의 행동을 결정할 수밖에 없고, 그 결과에 대한 책임은 오로지 자신에게만 있기 때문이다. 이런 상황에서 그는 항상 불안 속에서 고통을 느껴야 할 수밖에 없는 저주받은 존재로 바뀌게 된다. 그렇기 때문에 인간 즉 대자는 그와 정반대 쪽에 존재하는 즉자 즉 하나의 삼라만상, 하나의 대상으로서 사물을 선망하고 그런 물체로 변신하고자 한다.

그러나 좀 더 깊이 인간의 궁극적 욕망 즉 의식이 궁극적으로 지향하는 내용을 살펴보면 그 내용은 더 복잡하고 모순적이다. 인간 즉 대자라는 존재는 그 반대쪽에 있는 즉자가 되고 싶어 하는 **동시에** 대자로도 존재하고 싶어 한다. 왜냐하면 대자로서의 인간이 근본적으로 원하는 것은 즉자로서, 즉 의식이 없는 존재로 변함으로써 그러한 상태에서 얻을 수 있는 불안으로부터의 해방과 충만감의 경험인데, 그가 즉자로 변신하는 순간 인간은 의식이 없는, 따라서 즉자로 변신함으로써 얻을 수 있는 마음의 만족감, 즉 부족함 없는 상태를 경험할 수 없게 되기 때문이다. 그러한 충만감, 부족함 없음의 경험을 갖기 위해서는 인간이 대자 즉 의식적 존재로 남아 있어야 하기 때문이다.

인간이 원하는 것은 대자인 **동시에** 즉자로, 주체인 **동시에** 객체로서의 존재이다. 그러나 대자와 즉자는 모순적 관계이므로 즉자인 동시에 대자이고자 하는 인간의 궁극적 소망은 원천적으로 실현 불가능하며, 만족이 아니라 고통 즉 수난의 원천일 뿐이다.

이런 점에서 사르트르는 "인간의 수난은 예수의 십자가 수

난과는 달리 무의미한 것이다"라고 선언한다. 왜냐하면 예수의 수난은 인류의 구원이라는 목적이 있었지만 인간의 존재론적 수난의 논리적 목적은 모순되므로, 원천적으로 실현 불가능한 것이라고 간주하기 때문이다.

인간의 존재론적 속성을 '무無'·'대자'·'결핍'·'꽉 찬 존재'·'즉자에 난 빈 구멍' 등의 이미지로 설명하는 사르트르의 철학은 '인간 철학philosophy of man' 혹은 '의식의 철학philosophy of consciousness'으로 규정할 수 있다. 이런 점에서 사르트르의 철학은 의식에 관한 과학적 연구로서의 프로이트의 정신분석학과 비교될 수 있다. 그러나 두 사상가의 의식에 대한 접근 방법과 인식은 사뭇 다르다.

프로이트는 인간의 의식을 자아로 규정하고, 그것의 기능의 수준에 따라 대충 세 가지로 차등화한다. 즉 자기반성적 사유 기능을 갖는 투명한 의식으로서의 초자아super-ego, 불투명한 자아로서의 잠재의식subconsciousness, 그리고 자신의 의식을 자각하지 못하는 잠든 상태의 무의식unconsciousness이다. 초자아는 사회적 이유에서 스스로에게도 숨겨 둔 욕망을 관리하고 통제하는 의식이며, 무의식은 생물학적 본능 즉 거의 물리적 충동에 비할 수 있는 육체적 운동에 가깝다.

그러나 사르트르는 프로이트의 위와 같은 의식의 분류에 기초한 정신분석학 이론을 근본적으로 부정한다. 그 이유를 단도직입적으로 말하자면, '잠재의식'·'무의식'이라는 개념들이나 초자아가 그러한 의식들의 표현을 봉쇄하거나 억압한다는 주장은 말이 되지 않는다는 비판이다. 의식은 필연적으로 그리고 언제나 자의식일 수밖에 없는 한, 내가 의식하지 않는 의식 즉 '무의식'이란 개념은 자기모순적 개념이며, 그런 것을 통제하거나 억압한다는 주장은 성립할 수 없다는 것이다. 모든 의식은 언제나 자의식이며 언제나 투명한 똑같은 단 한 가지만 존재하는 것이라면, 프로이트의 정신분석학을 대치한 자신의 실존적 정신분석학만이 옳다고 주장한다.

그러나 존재와 무, 물질과 정신, 물질세계의 인과적 질서와 의식세계의 자율성 등 간에 절대적 차이와 단절을 주장하는 사르트르의 이원론적 형이상학이 사실과 맞지 않는 주장이라면, 의식의 질적 층위를 부정하고 단일한 투명성을 주장하는 사르트르의 이원적 의식관 또한 사실과 크게 어긋난다.

사르트르 철학의 이와 같은 근본적인 문제는 내가 제안하는 철학적 사유의 가장 기본적 틀로서의 '존재-의미 매트릭스'의 개념에 맞추어 풀 수 있다. 이 개념에 깔려 있는 핵심적 명제는 인간과 자연, 의식과 그 대상과의 관계는 언제나 존재론적 관점·차원과 의미론적 관점·차원이 동시에 공존한다는 신념이다.

그런데 존재론적 차원에서 보면 모든 것은 서로 무한히 다양한 다른 것들과 인과적으로 연속되어 있고 그러한 관계는 과학적 차원에서 설명의 대상이 될 수 있지만, 의미론적 즉 인식의 차원에서 볼 때 모든 것들의 사물적인 인과적 관계는 사라지고, 각기 분절되고 서로 단절되어 각각 별개로 고립되어 존재하는 개념적 의미들 간의 논리적 해석과 이해의 대상이 될 뿐이다.

형이상학적으로 인간이나 우주 전체는 몸과 의식, 물질과 정신이라는 서로 근본적으로 다른 이원적 속성을 갖는 두 가지 것들의 합성물이 아니라, 궁극적으로는 물질이나 마음 어느 개념으로도 만족스럽게 서술할 수 없고 단 하나로서만 인식해야 하는 일원론적 구조를 가지고 있다. 모든 사물 현상뿐만 아니라 몸과 마음, 의식과 대상, 인간과 자연 간의 차이는 절대적인 즉 질적인 것이 아니라 양적 즉 상대적인 차이에 불과하다.

사르트르가 생각하고 있는 것과는 달리 한편으로 인간을 비롯하여 삼라만상을 포함한 절대적 전체로서의 우주는 의식과 대상, 인간과 자연, 물질과 정신이라는 두 가지 실체들이

한 곳에 병치된 것이 아니라, 단 **하나의 존재의 대양**에서 끝없이 출렁이고 나부끼는 무한수의 파도들의 모습들에 지나지 않는다.

또한 다른 한편으로는 그가 믿고 있던 것과는 달리 그리고 프로이트나 메를로-퐁티, 언어학자 레이코프George Lakoff 등이 강조하고 있듯이, 어디서 그리고 누구에게나 균일하고 투명하게 자기반성적인 것이 아니라 그것의 인지적 투명성에 있어서는 무한히 다양하고 가변적이다. 프로이트 식으로 무의식·잠재의식·초월적 의식 등의 구별과 차등은 물론 신체에 그리고 궁극적으로는 생물학적 구조에 뿌리를 박고 육화된 것이다.

신체적·감성적·이성적 혹은 미학적·문학적·과학적·논리적·철학적 그리고 종교적 경험과 사유는 투명성이나 밀도에 있어서도 많이 다르다. 유아, 어린 학생, 청년, 장년 및 노년기의 의식 활동은 동일하지 않으며, 지적 교육과 실습을 한 자와 그렇지 못한 자의 의식의 기능 또한 동일할 수 없다. 사르트르의 입장과는 달리 의식의 투명성의 다원적 차등과 층위, 굴곡을 인정해야 한다.

이러한 인식은 우리의 관심을 편의상 '미학적'이라고 부를 수 있는 세계관을 함축하고 있는 일군의 철학가들에게 자연스럽게 눈을 돌리게 한다. 여기서 '미학적'이란 어떤 현상이나 존재의 형이상학적 속성이 추상적 언어에 의해서 또한 이성의 추상적 논리에 의해서 기하학적으로 재현할 수 있는 영원불변한 기계가 아니라, 감성적 언어로 구상화하여 유기적으로 표현할 수밖에 없는 구체적이며 부단히 가변적인 유기적이고 역동적 속성을 뜻한다. 기존의 세계관이 보여주는 이원론적 우주를 철학적·수학적·공학적 텍스트에 비할 수 있다면, 미학적 세계관은 일원론적이며 예술 작품에 비할 수 있다.

4. 서양의 미학적·시적 세계관

1) 스피노자의 자연과 신의 동일론

18세기 로크, 흄, 버클리George Berkeley 세 명으로 대표되는 영국 경험주의자들의 특징은 17세기 데카르트, 스피노자, 라이프니츠 세 명으로 대표했던 유럽 대륙의 합리주의자들과 대치시켜 볼 때 그 철학적 의미는 더 쉽게 이해된다. 그것과 관련하여 미학적 세계관의 관점에서 볼 때 이 세 명의 합리주의자들 가운데 제일 중요한 사람은 스피노자이다. 그것은 『윤리학Ethics』이라는 제목이 붙은 책을 통해서 일반적으로 인간의 도덕적 행동 규범에 관한 철학적 사유와는 달리 선/악·옳고/그름에 관한 도덕적 규범이나 설교로서가 아니라 데카르트나

라이프니츠와는 달리 이원론적 및 다원론적이 아니라 일원론적 세계관을 주창했기 때문이다.

스피노자는 일원론적 형이상학적 틀에서 신·자연·인간·인간의 이성 등 핵심적인 철학적 개념 등과 중요한 문제에 관한 자신의 방대한 세계관 즉 철학적 체계를 짜냈다. 그는 그것을 합리주의자답게, 시적 즉 예술적 양식과는 정반대되는 논리적이고 따라서 건조한 기하학의 입문 교과서와 같은 방식으로 전개했다.

스피노자의 『윤리학』이라는 책은 우리가 흔히 말하는 인간의 사회적 행동 규범을 제안하는 '도덕'으로서의 책이 아니라, 그가 지향한 최고의 가치로서의 '몸과 마음의 안전과 평화, 정신과 감수성의 자유와 행복'에 이르는 삶의 길 즉 지혜를 보여주고자 하는 책이었다.

그에게 있어서 몸과 마음, 물질과 정신, 신과 자연이 하나이듯이 철학과 삶, 지성과 감성, 결정론과 자유, 생각과 행동은 각기 두 개로 떨어져 있는 것이 아니라 조화로운 단 하나의 존재이자 질서에 속한다. 그는 우주, 삼라만상 전체를 때로는 절대신God, 때로는 자연Nature, 때로는 아리스토텔레스의 변하지 않은 본질로서의 '실체Substance'라는 낱말로 불렀다.

그에 의하면 종교 신자나 전통적 철학자들이 전통적으로 자명한 진리로 믿고 주장해 왔던 것과는 달리 삼라만상을 지칭하는 자연은 그것과 구별되는 조물주로서의 신의 피조물이 아니고 바로 그 자체가 신이며, 역으로 신은 곧 자연이라는 주장, 즉 신과 자연 혹은 자연과 신이 완전히 동일한 단 하나의 실체의 두 가지 다른 이름, 서로 다른 측면들에 지나지 않는다는 것이다.

스피노자는 인간과 자연, 인간과 동물, 마음과 몸, 자유의지와 결정론적 구속은 서로 대립적 존재와 현상, 선과 악, 아름다움과 추함 등 각각 서로 대립되고 모순되는 것이 아니라 모두가 동일한 현상의 서로 다른 서술 방식에 지나지 않는다는 일원론을 주장한다. 이런 식으로 그는 행복과 고통, 감성과 지성, 삶과 죽음은 모두가 절대적으로 동일한 단 하나의 '실체'로서의 다양한 측면의 다양한 서술 양식에 지나지 않는다는 일원론적 형이상학을 주장한다.

이런 점에서 다 같이 합리주의자였던 데카르트와 스피노자가 철학에서 가장 기초적인 문제를 놓고 각각 이원론적 세계관과 일원적 세계관의 대변자로 갈라졌다는 것은 얼른 이해하기 힘들지만 그것은 철학사의 객관적 사실이다.

합리주의를 대표하는 데카르트와 스피노자가 철학에서 가

장 근원적 문제인 형이상학적 일원론과 이원론, 자연과 인간, 몸과 마음, 자유의지와 결정론, 감성과 지성 간의 관계에 대해서 서로 대립된 입장에 서게 된 이유를 어떻게 설명할 수 있는가? '존재-의미 매트릭스'가 드러내 보이는 모든 것들 즉 삼라만상을 지각적으로 경험할 수 없는 단 하나의 자연＝신이라는 단 하나의 형이상학적 영구한 '실체Substance'만을 인정하고 일원론적 세계관을 선택한다면, 우리 모두가 일상생활에서 지각적으로 경험하는 무한히 다양한 다수의 삼라만상을 단순한 환상으로 치부하여 무시해 버리고 이원적 혹은 다원적 세계관을 채택할 수 있는가? 만약 그렇지 않다면 데카르트처럼 이원론적 혹은 라이프니츠처럼 다원론적 세계관을 택해야 하는가?

우리가 감각적으로 경험하는 잡다한 다수의 대상들을 하나의 관념으로 통합해서 인식하는 인간의 지적 활동을 '개념화'라고 규정한다면 그 주장은 맞는 동시에 맞지 않은, 즉 모순을 범하는 것으로 보인다. 스피노자가 신과 자연, 자연과 인간, 마음과 몸, 인간과 동물, 유기물과 무기물, 이성과 감성 등과 같은 다양한 삼라만상을 단 하나의 실체로 본다는 것은 논리적으로 모순이다.

어느 쪽을 선택하든지 우리는 형이상학적 딜레마에서 빠져나갈 수 없을 것 같다. "하늘이 무너져도 솟아날 구멍이 있다"라는 말이 있다. '존재-의미 매트릭스'라는 개념이 바로 그러한 구멍이다. 이 개념은 모든 것에 관한 인식과 담론은 존재-의미라는 두 차원, 즉 인식의 차원과 그 대상의 차원의 어느 한쪽도 벗어날 수 없고, 언제나 양 차원을 동시에 고려해야 함을 의미한다. 즉 인식을 떠난 대상에 관한 담론이 논리적으로 불가능하다면, 반대로 존재가 전제되지 않은 경험 혹은 인식은 논리적으로 성립할 수 없음을 보여주는, 인식과 존재 혹은 존재와 인식 간의 뗄 수도 없고 통합할 수도 없는 뒤얽힌 관계를 보여주는 개념이다. 한 인식 대상이 다른 인식 대상과 구별되기 이전의 인식은 논리적으로나 형상학적으로 불가능하고, 인식 행위와 구별되는 어떤 객관적 대상과 인과적으로 연결되지 않은 존재는 또한 논리적으로나 현상학적으로 불가능하다는 것이다.

스피노자의 일원론적 세계관은 존재 차원에서 본 인간과 자연, 마음과 몸, 인식과 존재 간에 존재하는 존재론적 즉 실질적인 인과적 연속성continuity을 전제하는 동시에 위와 동일한 것들 간의 인식론적 즉 개념적 차원에서의 논리적 단절성discontinuity과 존재론적 차원에서 사물들 혹은 행위들 간의 인과적 연속성을 함축한다.

인식 주체로서의 인간과 그의 인식 대상으로서의 대상 간의 이중적이고 역설적이며, 인과적인 동시에 논리적인 관계의 구조는 이러한 사실을 밝혀 주는 '존재-의미 매트릭스'라는 개념을 설명하는 데 있어서도 곧바로 적용할 수 있다.

일원론적 세계관은 우주 안에 있는 모든 사물·사건·현상들 간의 형이상학적 즉 절대적 단성을 부정하고, 그것들 간의 관계를 인과적 혹은 기계적인 것이 아니라 유기적으로 즉 생동하는 것으로 인식한다는 점에서 이성적·논리적·기계적이 아니라 감각적·신체적이라는 점에서 미학적이고, 그만큼 사실에 충실하고 가슴에 따듯하게 다가온다.

2) 니체와 '힘에의 의지'로서의 역동적 우주론

철학사에서 니체만큼 근본적인 차원에서 혁명적인 철학가는 존재하지 않는다. 그는 그저 그런 하나의 혁명가가 아니라 스스로를 "나는 다이너마이트이다!"라고 선언했던 만큼 철저하게 행동적인 혁명가였다.

니체는 목사의 아들로 태어나 자기 자신도 목사가 되려고 신학을 공부하다가, 2,500년 동안 서양을 지배해 왔던 육중하고 거대하며 정교하고 단단하게 구축된 기독교의 대성당의 주춧돌이자 대들보였던 '신神의 죽음'을 선언하여 그 성당을 그것이 세워진 땅속 깊은 곳에 있는 바윗돌과 함께 폭발시키고 말았다. 그런 폭발과 함께 '영원히 고정된 실체', '객관적 진리', '선/악과 미/추의 가치', '이성', '종교적 신념'은 물론 '과학적 지식'까지도 사상의 쓰레기통에 버렸다. 도덕적 선/악의 가치들과 기독교가 말하는 천당과 지옥은 절대 다수의 사회적 약자들이 자신들을 억압하고 지배하는 소수 강자들에게 복수하여 원한을 갚으려고 꾸며 낸 거짓 이야기들이라는 것이다.

　　만약 니체의 말대로 지금까지의 종교와 철학은 물론 과학도 우주·자연·인간의 있는 그대로의 모습들을 적나라하게 보여 주는 작업을 하는 데 실패했다면, 그것들의 진짜 모습은 어떤 것일까? 그의 유고집 『힘에의 의지Der Wille zur Macht』 마지막 쪽에서 니체는 우주의 실체, 그것의 궁극적 적나라한 실체는 '힘에의 의지' 즉 삼라만상에 내재하는 자기극복의 끝없는 반복 즉 궁극적으로는 그 차체로서 아무 의미도 없는 '영원회귀'라고 주장하면서, '힘에의 의지'로서의 유물론적 세계·우주·

존재의 궁극적 그림 즉 세계관을 다음과 같이 서술한다.

이 세상은 시작도 끝도 없는 에너지의 괴물이며, 전체적으
로 볼 때 커지지도 작아지지도 않고, 팽창하지도 않고 그
자신만을 변형하는 에너지의 괴물이다……. **이 세상은
곧 힘에의 의지일 뿐 그 외에는 아무것도 아니다!** 그리
고 당신들도 또한 이 힘에의 의지일 뿐 그 이외의 아무것도
아니다!

우주의 원초적 모습은 질서가 아니라 무엇으로도 규정할 수
없는 '의지'라는 니체의 개념이 물리학이 말하는 '힘-에너지가
넘치는 무한히 다양하고 무한히 반복적으로 가변적인 카오스의
도가니'의 은유라면, 그것은 명상적 종교의 환상이거나 사념적
철학자의 창작물이 아니다.

니체의 우주관은 그가 머릿속에서 만들어 낸 상상물이 아니
라, 거시적 차원에서는 무한히 많은 수의 별들이 가득 찬 밤하
늘을 보거나 미시적 차원에서는 극한적으로 미세한 물질 현상
을 연구하는 첨단 양자역학이 입증하는 객관적 사실과 일치할
것 같다. 그 세계는 이성적 사유와 인식이 자리 잡을 수 없는 도

스토예프스키 중편 소설 『지하생활자의 수기』의 정신적 내면의 갈등과 혼돈의 그림에 가깝다. 그 세계는 차디찬 이성의 신 아폴로가 조용히 질서를 잡아 주는 세계가 아니라 뜨거운 생명의 신 디오니소스가 술에 취해 광란의 춤을 추는 무대이다.

니체의 우주는 모든 것들이 뒤섞이고, 사물들 간의 모든 경계가 무너졌거나 희미해진 거대한 **단 하나**로서만 존재한다. 우주는 정신적이 아니라 물리적이며, 관념적이 아니라 육체적이며, 추상적이 아니라 구체적이다. 그것은 그저 그렇게 있고 그렇게 돌아갈 뿐 아무 목적도 가질 수 없다. 그것이 인격적인 존재가 아닌 이상 '목적'이란 말은 그에게 적용되지 않는다. 이런 점에서 니체의 세계관은 스피노자의 세계관보다 더 훨씬 더 감각적이며, 그만큼 더 미학적이고 더 예술적이다.

그렇다면 어떤 인간으로 살아야 하는가? 삶의 의미 즉 가치를 어디서 찾아야 하는가? 이상적 인간상으로 니체는 '초인超人. Übermensch'을 제시하고, 그것이 최고의 창조적인 삶 자체이며, '힘에의 의지'를 구체적 삶 속에서 부단히 구현하고 실천하고 행동하는 삶에서 찾을 수 있으며, 모든 원한과 회한을 털어 버리고, 경우에 따라서는 자신의 운명을 사랑으로 즐겁게 수용할 수 있는 용기와 의지를 지탱할 수 있는 삶에서 찾아야 한다고 주장한다.

3) 베르그송의 '유심론적 진화론'

스피노자와 니체의 세계관이 일원론적이듯이 베르그송의 세계관도 일원론적이지만, 베르그송의 일원론적 세계관은 니체의 세계관이 유물론적인 것과는 달리 그리고 스피노자의 철학과 마찬가지로 유심론에 가깝다.

목사의 아들로 태어나 목사가 되려고 신학을 시작했던 니체가 유물론자가 되고 대표적인 반종교적 사상가로 변신하고, 대표적인 합리주의자로서 『윤리학』을 기하학적 교과서의 형식을 갖추어 '과학적'으로 설명한 스피노자와 20세기 초 당시의 과학 이론을 관통했던 베르그송이 '생명의 도약'을 우주의 궁극적 속성으로 전제한 다음 유명한 『창조적 진화론』을 쓰고 유심론자가 되어 가톨릭 신자로 개종한 사실은 아이러니하다.

16세기 코페르니쿠스의 지동설, 18세기 뉴턴의 만유인력, 19세기 다윈의 진화론, 20세기 아인슈타인의 상대성 이론 및 보어, 하이젠베르크의 양자역학 등과 전기전자공학의 도약적 발달로 이어진 과학적 지식과 기술은 놀라운 힘과 물질적 부,

생활상의 편의를 인류에게 가져왔으나 그와 동시에 정서적으로나 철학적으로 세계와 삶은 그만큼 사막화되어 왔다. 스피노자의 윤리적이자 미학적인 세계관, 니체의 다이내믹한 '힘에의 의지'라는 실존적 세계관, 베르그송의 '생명의 도약'과 창조적 도약의 유심론은 바로 빠른 속도로 발달한 과학의 기계적인 세계관과 그것으로 인해 생겨난 삶의 삭막성에 대한 반발과 저항적 심리와 밀접한 관계가 있어 보인다.

베르그송의 핵심 개념인 '생명의 도약'은 우주 전체를 살아 있는 하나의 생명체로 보면서 보다 의미 있는 세상을 향해서 진화와 진보하는 일종의 정신적 인격체로 인식하고, 객관적 진리와 올바른 가치의 발견과 인식은 과학적이라는 주장이다. 그의 위와 같은 유심론적 형이상학과 진리의 인식은 실증적 방식, 즉 지성과 이성보다는 직관과 본능에 의존한 방식이 우월하다고 주장한다.

그렇다면 베르그송의 철학이 프랑스에서만이 아니라 전 세계 차원에서 철학계뿐만 아니라 모든 인문사회의 영역, 특히 문학과 예술 작품의 창작에 종사하는 이들에게 크나큰 박수갈채를 받았던 이유를 충분히 알 수 있을 것 같다. 사람들은 영성, 삶의 가치, 존재의 의미에 목말라 있었던 것이다. 베르그송의 철학은 그러한 20세기의 정신적·영적 갈증을 채워 주었던 것으로 볼 수 있다. 하지만 베르그송의 세계관은 몇 가지 문제가 있다.

첫째, 최근의 천문학은 단수가 아니라 복수의 우주를 말한다. 그러나 복수의 우주를 전체적으로 지칭하는 낱말이 아직 도입되지 않은 현재로서는 그 다수의 우주를 통칭해서 하나로 부를 수밖에 없다. 우주를 모든 것의 전체를 지칭하는 뜻으로 쓰는 한 우주는 필연적으로 전체이며, 전체는 필연적으로 하나이다. 이런 점에서 베르그송의 일원론적 세계관은 옳다.

하지만 그의 일원론적 세계관은 맞지 않는다. 최신의 물리학은 유물론적 일원론적으로 전제하거나 스피노자의 일원론처럼 물질과 정신, 몸과 마음을 융합한 전체를 무엇이라고 부를 수는 없지만 단 하나인 우주의 두 가지 서술 양식, 즉 존재 차원과 의미 차원의 두 가지 층위, 두 가지 서술 방식에 불과하다고 볼 수 있기 때문이다.

이런 점에서 우주의 시초가 빅뱅우주폭발이라는 이론이 더 이상 의심할 수 없는 과학적 가설로 인정된 오늘날 어떤 불교의 가르침처럼 '일체유심' 혹은 '일체생명' 혹은 '온생명'이라는 개념의 의미는 통할 수 없다.

둘째, '생명의 도약'이라는 개념은 원시종교에 깃들어 있는 물활론을 현대적으로 포장한 것으로 그것을 확대하여 생명체만이 아니라 삼라만상을 일종의 영성을 갖는 주체로 전제하고 자연의 모든 현상을 그러한 영혼들의 활동으로 설명한다. 독일의 생물학자이자 철학자인 드리슈Hans Driesch의 주장처럼 생명체들의 본질은 각 생명체가 갖고 있는 물질로 환원할 수 없는 생명력에 있다는 주장인 생기론vitalism과 동일시한다면 혹시 몰라도, 물활론은 첨단 디지털 통신 시대이자 인간 복제가 가능한 오늘날 그것이 미학적으로 아무리 매력 있다고 해도 통하지 않는다. 어떻게 우주를 생각하고 의지를 갖는 하나의 인격체로 볼 수 있겠는가? 그것은 인격체는 말할 것도 없고 최하의 생물체로도 볼 수 없지 않겠는가?

베르그송의 미학적 세계관은 과학이 모든 영역의 모든 차원에 침투하여 인간의 마음까지 기계적 작동으로 보여주는 오늘날 우리들의 마음을 위로해 주지만, 그렇다고 과학적 세계관을 부정할 수는 없지 않겠는가? 베르그송의 세계관에 문제가 있음은 분명하다.

그렇다면 미학적 세계관에 대해서 두 가지 선택 가운데 하나의 선택이 가능하다. 지금까지 고찰한 미학적 세계관들과는 다른 미학적 세계관을 찾아보든가, 아니면 지금까지 우리가 생각하고 있는 과학적 세계관을 새로 해석해서 그것이 곧 지금까지 믿고 있던 바와는 달리 기계적인 세계관이 아니라는 것을 보여줘야 할 것이다. 여기서 우리는 우주라는 총체의 근원적 속성을 미학적 속성에서 찾으려는 메를로-퐁티의 '살la chair'의 철학과 만난다.

4) 메를로-퐁티의 '살의 철학'

메를로-퐁티의 철학을 보려면 사르트르의 철학을 언급하지 않을 수 없으며, 그들의 관계를 설명하자면 그들이 다닌 고등학교와 대학을 언급하지 않을 수 없으며, 그러자면 프랑스의 대학 제도를 조금 설명하지 않을 수 없다.

사르트르와 메를로-퐁티는 세 살 차이 친구였고, 그들의 전공이 철학이었으며, 프랑스에서 수재들이 치열한 경쟁을 요구하는 고등사범학교 입학시험 준비를 할 무렵부터 서로 알고 지내는 같은 학교 친구였으며, 2차 세계대전 직후 지식인의 월간지 『현대Les Temps Modernes』를 함께 내면서 적극적으로 사회 참여를 하다가 얼마 후에 정치적 이념과 철학적 세계관의 근본적인 차이로 불편스럽게 헤어졌던 사이였지만 메를로-퐁티가 비교적 젊은 나이에 세상을 떠났을 때, 사르트르는 아주 길면서도 감동적인 조문을 『현대』지에 발표했던 사이이기도 했기 때문이다.

또한 출판되자마자 세계적인 선풍을 일으키면서 불꽃같은 찬사를 받았던 사르트르의 『존재와 무L'Etre et le Néant』에서 물질과 의식, 몸과 마음 간의 절대적 경계와 단절을 전제하는 사르트르의 이원론적 형이상학의 잘못을 강력하게 지적했던 메를로-퐁티의 비판적 글을 읽고 공감했던 기억이 내게는 아직도 생생하게 남아 있다.

프랑스에는 한국의 수능시험에 해당하는 '바칼로레아'라는 대학입학 자격시험이 있어서 누구나 그 시험에 합격만 하면 소르본 대학을 비롯한 모든 일반 국립대학에 입학할 권리를 갖는다. 그러나 옛날 한국의 서울대 문리과대학에 해당되는 인문사회 계열의 고등사범학교나 현재 한국의 포스텍이나 카이스트에 해당되는 이공 계열 대학인 공과대학 등의 소수 엘리트 대학에 입학하려면 대학마다의 특별한 경쟁시험을 통과해야 한다. 그리고 이러한 특수 대학의 입학시험 준비를 시키는 2년제 보수과補修科가 파리를 비롯한 몇 개 도시에 있는 몇몇 유명한 고등학교에 별도로 설치되어 있다.

이 보수과에 들어가기 위해서도 심한 경쟁시험을 통과해야한다. 그중 제일 유명한 고등학교인 '루이 14세 대왕 고등학교 Lycée Louis le Grand'와 다음으로 이름난 '앙리 4세 고등학교 Lycée Henri Ⅳ'가 두 불록쯤 떨어진 곳에 거의 나란히 위치하고 있다. 사르트르와 메를로-퐁티는 다 같이 후자의 고등학교 보수과에서 시험 준비를 하고 같은 고등사범학교에 입학해, 프랑스에서 학자의 길을 택한 사람들이 통과해야 하는 고등학교 교사 자격시험을 함께 준비하고 합격했었다. 프랑스의 인문사회 계열과 순수이론과학 계열의 학계와 정치·행정·문화계의 지도자들 가운데서 절대 다수는 바로 위와 같은 학교 출신들이다.

사르트르는 20세기 중반까지 프랑스 철학계는 물론 세계 철학계를 대변하는 한 사람이었고, 당시 메를로-퐁티의 위상은 사르트르만은 못한 채 사르트르의 짙은 그늘에 가려져 있었다. 하지만 21세기 초반 그들 간의 위상은 역전되어 오늘날 철학계에서는 메를로-퐁티가 새롭게 조명되어 부상하는 평가를 받고 있는 것 같다. 그의 독창성은 애매성의 철학으로 알려져 있고, 심리학·형이상학·인식론의 세 가지 관점에서 명실공히 미학적·시적이라 할 수 있는 '살'의 세계관을 창안했다.

첫째, 형이상학적 차원에서 볼 때, 메를로-퐁티의 세계관은 사르트르의 세계관이나 데카르트의 세계관처럼 정신과 물질, 마음과 몸이 서로 소통될 수 있는 어떤 공통적 속성을 갖고 있지 않은 절대적으로 이질적이고 존재론적으로 완전히 단절된 두 가지 속성들로 되어 있다는 이원론적 형이상학과는 반대로, 스피노자나 니체나 베르그송의 경우처럼 하나의 엿 덩어리나 떡 반죽처럼 서로 연속된 동일한 속성으로 구성된 단 하나의 속성의 다른 측면에 불과하다는 일원론적 형이상학을 전제한다. 우주의 궁극적 실체는 물질도 정신도 아닌, 아직도 무어라고 이름 붙일 수 없다는 점에서 미학적이다. 이성적이거나 감성적인 어느 쪽도 아닌, 완전히 감성적이지도 관념적이지도 않은, 정신이나 물질도 아닌, '살'과 같은 것이다.

둘째, 메를로-퐁티에서 인식의 근본적 주체는 지적 관조가 아니라 감성적 지각이다. 메를로-퐁티의 철학에서 어떤 것도 명료한 개념으로 표현할 수 없으며, 그의 철학을 '애매성의 철학'이라고 부르고, 그의 존재를 '날 것'이라 말하고, 그의 사유를 '야생적'이라고 말하는 이유가 여기에 있다. 이런 개념들로 나타나는 그의 형이상학적 비전, 그의 언어, 그리고 그의 세계관이 필연적으로 시적이고, 따라서 미학적 즉 심미적임을 뜻하는 것이며, 궁극적으로는 그의 인식론은 상대주의적이고 그의 존재론은 다원주의적이며, 이런 점에서 그의 철학은 포스트모니즘의 선구적 역할을 했다고 볼 수 있다.

셋째, 하지만 메를로-퐁티가 자신의 저서 『보이는 것과 보이지 않는 것Le visible et l'invisible』에서 후기 하이데거를 자주 인용하면서 '존재의 개방성' 등을 언급할 때, 우리는 그의 세계관의 미학적이고 시적인 특징을 확인할 수 있으나 그의 세계가 의인주의나 신비주의로 다소 회귀하는 것 같아서 약간 거슬린다.

만약 메를로-퐁티가 내가 도입한 '존재-의미 매트릭스'라는 개념의 골자를 이해했더라면, 그의 철학이 보여주려고 했던 것이 마음과 몸, 정신과 물질, 인간과 자연 등의 개념들로 지칭되는 사물 현상들 간의 관계는 의미론적·언어적·개념적 즉 인식론적 차원에서는 비연속적 단절과 차별이 분명하지만, 사물적·현상적 즉 존재론적 차원에서 볼 때 그것들 간의 관계는 언제나 그리고 단연코 인과적 관계로 얽혀 있음에도 불구하고 메를로-퐁티는 이러한 사실을 분명히 의식할 수 있었을 것이며, 따라서 자신의 철학을 보다 잘 설명할 수 있었을 것이 아니었나 하는 아쉬움이 든다.

5) 데리다와 철학의 해체

20세기 후반 서양 철학의 조류를 포스트모더니즘이라 지칭할 수 있고, 포스트모더니즘의 특징을 인식에 있어서의 보편적이고 객관적인 진리의 발견, 즉 인식의 절대적 권위를 자처하는 보편적이고 일원적인 이성의 거부와 부정으로 규정할 수 있다.

데리다가 '해체deconstruction'라고 호칭한 자신의 철학적 목적이 데카르트나 후설 이후뿐만 아니라 플라톤 이래 기존의 거의 모든 철학이나 과학들이 나름대로 어떤 가변적인 시간적 및 공간적 맥락을 초월한 영원불변의 진리를 발견하는 데 있다는 신념과 그러한 진리를 발견했다는 전제가 근본적으로 잘못됐음을 폭로하는 데 성공했다면 데리다는 분명히 위대한 철학자이다.

데리다의 '해체철학'은 언어를 떠난, 아니 언어 이전의 진리·믿음·인식·사유·지각·의식도 의미가 없으며, 따라서 그러한 낱말들이 지칭한다고 전제되었던 플라톤 혹은 데카르트 혹은 후설 등의 철학은 소박한 생각이 만들어 낸 망상에 불과하다는 것이다. 그러므로 철학이 모든 세계의 현상에 관한 인식 양식 가운데 최고의, 궁극적인, 그리고 가장 투명한 진리의 탐구와 인식 양식이라고 자처했지만 그것은 철학의 기능·인식·진리에 대한 착각된 이해가 만들어 낸 망상에 지나지 않는다는 것이다.

또한 애초에 철학의 의도가 우리가 의식하고 보고 그것을 객관적으로 밝혀내려는 데 있었고, 그러한 의도가 2,500년 이상의 긴 철학사를 통해서 줄곧 이어져 왔었음에도 불구하고, 철학사가 보여준 것은 영원불변한 객관적 진리의 발견이 아니라 그러한 지적 노력의 언어적 '흔적들traces', 아니 더 정확히 말해서 '흔적의 흔적들'뿐이라는 것이다. 플라톤, 데카르트, 후설의 현상학 그리고 논리실증주의, 분석철학이 소박하게 전제했던 확신과는 달리, 언어로 이미 매개되지 않은 인식과 사유는 물론 의식조차도 불가능하기 때문이다.

언어가 우리의 지각뿐만 아니라 모든 의식 차원에서 개입되는 한, 그리고 언어 자체의 의미는 언어 사용자의 심리적·사회적·교육적·유전학적 변수들에 의해서 무한히 가변적인 만큼 절대적으로 객관적이고 보편적인 인식은 원천적으로 불가능하다는 것이다.

모든 철학을 비롯한 모든 면에서도 그러하지만, 2,500년 동안의 서양 철학을 지배해 온 보편적 이성에 대한 신뢰, 이성중심주의logocentrisme' 즉 로고스logos는 폐기되어야 한다고 데리다는 역설한다.

나는 데리다의 해체철학, 그것을 뒷받침하는 그의 언어와 인식의 관계에 관한 입장, 진리 탐구의 '흔적', 이성중심주의 비판에 관한 주장은 대체로 옳다고 믿고 그것에 공감한다. 그러나 이성중심주의적 철학이 몰고 온 삼라만상, 인간, 세계, 우주 그리고 그것들 간의 관계에 대한 인식과 이해의 궁극적 한계의 이론인 데리다의 해체주의와 회의주의는 보다 선명하고 설득력 있는 근거를 제공할 수 있어야 한다. 나는 그것이 '존재-의미 매트릭스'라는 개념에 비추어 가능하다고 믿는다.

데리다의 '해체'가 보여주는 것은 언어 이전의 순수한 어떤 지각 대상, 가령 개나 장미꽃 자체를 있는 그대로 인식-지각하거나 혹은 '개'라는 낱말이나 '장미꽃'이라는 낱말의 의미 자체를 해석하려는 원래의 의도는 원천적으로 실패한다는 것이다. 왜냐하면 어떤 대상의 인식이나 어떤 기호·텍스트의 해석은 언어 없이는 논리적으로 불가능하기 때문에 우리의 인식 주체는 필연적으로 언제나 인식이나 해석 대상의 밖 즉 외부에 남아 있을 수밖에 없다는 것이다.

데리다는 사물 현상의 인식 혹은 텍스트 해석과 인식 혹은 해석 간에 하나의 기본 전제로서 깔려 있는 보편적 구조를 '원본적 문자archi-écriture'라 부르고, 존재가 인식에, 인식이 언어에 선행한다는 지금까지 보편적으로 믿어 왔던 신념을 뒤집어서 '원본적 문자'가 의식 혹은 생각에 선행한다고 주장한다. 문자가 의식이나 말의 표현이 아니라 말과 의식에 선행된다는 것이다.

인식 주체로서의 인간과 그 대상 간의 관계는 마치 양파의 껍데기와 그 본질—의미—존재에 해당하는 보이지 않는 아직 무엇인지 모를 그것의 속 알맹이와의 관계와 유사하다. 그 속 알맹이를 찾으려고 한 껍질을 뜯어내면 그곳에서 볼 수 있는 것은 양파의 속 알맹이가 아니라 또 하나의 껍질뿐인 것처럼, 이러한 상황은 무한 소급적으로 계속되어 언어·기호가 지칭한다고 전제된 언어 이전의 존재·의미·진리 자체는 아무리 해도 영원히 직접 만날 수 없다는 것이다.

데리다가 말하는 '흔적trace'이란 낱말은 다름 아니라 인간이 존재·의미·진리 추구의 부단한 과정의 노력 뒤에 남는 허망한 상황을 보여주려고 사용한 은유이다. 이러한 사실은 존재

·의미·대상·진리 자체는 그것을 지칭하는 언어·기호에 선행한다는 거의 모든 사람들이 자명한 사실로 전제해 왔던 생각과는 정반대여서 언어·기호가 존재·의미·대상·진리에 선행하고 결정한다는 것이다. 그가 말하는 '흔적들traces'이라는 개념은 아무리 벗겨도 알맹이는 나오지 않고 나타나는 인식과 해석에 있어서의 양파 껍질에 해당된다.

"사물 자체가 기호이다" 혹은 "텍스트 밖에는 아무것도 없다" 등 언뜻 듣기에 주술문 같고 헛소리 같은 데리다의 언명들은 너무나도 황당한 소리로 들리지만, 꼼꼼히 따지고 보면 그런 이상한 명제들은 우리로 하여금 존재와 인식, 인식과 언어 간에 존재하는 복잡한 새로운 사실에 눈을 뜨게 한다.

데리다의 해체철학을 문자 그대로 따라가면, 그의 해체철학은 마치 자신의 내장을 뜯어먹고 사는 신화의 끔찍한 동물 하이에나의 행동과 같다. 철학이 진리를 위해서 모든 것을 텍스트로서 해체하다 보면, 생존을 위해서 자신의 내장을 뜯어먹는 하이에나의 행동이 스스로의 죽음을 재촉하는 행동이듯이, 해체를 목적으로 하는 철학은 자신 자체를 해체하고 자기 스스로의 종말을 재촉하고야 마는 자기부정의 모순에 빠질 수밖에 없다.

그러나 데리다의 해체주의가 전하고자 하는 중요하고 독창적인 메시지가 있으며, 복잡하고 난해한 데리다의 해체철학은 '존재-의미 매트릭스'라는 개념에 함축된 존재 차원과 의미 차원 간에 대립되는 관계에 비추어 볼 때 좀 더 간단하고 명료해지고, 그가 새롭게 도입한 '원본적 문자'·'흔적'·'해체'라는 낯선 개념들이 우리에게 전하고자 하는 요점은, 우주의 삼라만상은 오로지 개념적 즉 의미 차원에서만 서로 단절되고 구별될 뿐, 사물적 즉 존재 차원에서 볼 때 모든 것들은 서로 연결되고 차별화가 불가능하다는 것을 말하고자 하는 것이 아니었던가 추측된다.

이러한 나의 추측이 맞는다면, 데리다는 자신이 발견한 철학적으로 근본적인 진리의 정체를 아쉽게도 그 자신도 명확히 이해하지 못하고 있었던 것이 아니었던가 하는 생각이 든다.

추측건대 데리다는 '존재-의미 매트릭스'를 구성하는 존재론적 차원과 의미론적 차원 간의 존재와 언어, 사물과 의미, 사물들 간의 인과적 연속성과 의미들 간의 논리적 단절성이 인과적으로는 연속적이지만 그와 동시에 개념적으로는 단절되어 있음을 깨닫지 못했던 것이 아니었는가 짐작된다.

5. 과학적 세계관

원시적·종교적·철학적·미학적·
전통적·근대적 그리고 탈근대적 세계관을 말할 수 있고, 일원
론적 세계관을 말할 수 있다면 다원론적 세계관을 말할 수 있
고, 또한 서양적 세계관을 말할 수 있다면 동양적 세계관을 말
할 수 있다. 유심론적 세계관을 말할 수 있다면 유물론적 세계
관을 말할 수 있고, 21세기 과학적 지식과 기술의 경이로운 발
전이 하루가 다르게 진행되고 있는 오늘날 과학기술 문명을 누
리며 살고 있는 우리로서는 과학적 세계관의 심도 있는 이해가
불가피하다.

첫째, 인식 양식으로서의 과학의 대상은 우주·자연·세계·
인간 즉 모든 것들이다. 우주 전체를 인식 대상으로 하는 이상,

진리를 탐구하는 학문으로서의 과학은 일종의 세계관이다. 그러나 특성은 그 대상에 의해서보다는 진리 탐구 양식 또는 방법에 의해서 보다 잘 규정된다. 과학적 세계관은 가령 종교적 세계관·명상적 세계관·시적 세계관 등과 구별될 수 있다.

과학적 세계관은 멀리는 BC 6세기 고대 그리스인 탈레스의 "만물은 물로 환원된다"라는 선언에서 최초로 그 양식이 나타났지만, 근대적 뜻으로서의 과학적 세계관은 이때의 '과학적'이라는 의미와 많이 다르다. 16세기 코페르니쿠스의 지동설, 18세기 뉴턴의 만유인력, 19세기 다윈의 진화론, 20세기 초 아인슈타인의 상대성 이론과 보어의 양자역학, 최근 IT 및 BT 분야의 가속적 발전 등으로 다른 기존의 세계관 등과의 경쟁에서 그 탁월성이 구체적으로 그리고 일상생활에서 명백히 입증됐기 때문이다. 그것은 어쩌면 기존의 모든 세계관을 제치고 유일무이한 세계관일지도 모른다.

과학적 세계관의 궁극적 이상은 다른 세계관들과 마찬가지로 단 하나의 포괄적인 전체로서의 모든 것을 단 하나의 속성으로 본 삼라만상의 보편적 속성과 그것들 간의 인과적 관계와 작동 원리로서의 인과적 법칙에 관한 통일된 이론을 구축하는 데 있다. 물리학자 리사 랜들Lisa Randall이 그의 저서 『숨겨진 우주Warped Passages』에서 제안한 상대성 원리, 양자역학, 초 끈 이론super-string theory 등의 거시적 첨단과학 이론들은 단 하나로만 전제되어 왔던 '우주 전체'에 관한 서로 다른 거대한 이론들이다.

얼마 전까지 일반 사람들은 물론 과학자들도 '우주'는 단 하 나라고만 전제해 왔다. 우주는 '삼라만상 전체', 즉 '모든 것'을 뜻했다. 그렇다면 우주는 필연적으로 하나뿐일 수밖에 없다. '두 개 이상의 우주'란 개념은 모순이다. 그런데 랜들의 저서에 서 알 수 있듯이 언제부터인가 천문학계에서는 단 하나가 '다 수, 즉 복수의 우주'를 언급하기 시작했다.

그러나 나는 여기서 '우주'라는 낱말을 '하나의 전체', 독 일어 'Weltall' 즉 '모든 것'이란 뜻으로 사용하겠다. 인식 양 식으로서의 종교와 철학이 그러하듯이 인식으로서의 과학의 궁극적 꿈은 역동적인 우주 전체의 객관적 지도를 만들고 그것 을 설명할 수 있는 이론을 짜내는 데 있다.

둘째, 과학적 세계관은 유물론적이다. 천체물리학자 가모우 George Gamow에 따르면 우주 전체는 약 147억 년 전 미세한 물질인 미립자가 폭발해서 팽창한 산물이다. 미세한 물질의 폭 발은 우주의 시원적 소재인 동시에 인간의 소망·지능·감정을 포함한 우주의 모든 현상들의 궁극적 원천이다. 모든 것이 궁극적으로는 물질로 환원된다는 것이다.

종교나 철학이나 예술에서 말하는 생명·의식·신·천당·정신·영혼·자유·미/추·선/악 등의 존재나 가치는 독립해서 존재하는 것들이 아니라 물질의 다양한 양태에 불과하며, 따라서 원칙적으로 물리적 미세한 미립자들로 분석될 가능성이 있는 것으로 본다. 이런 점에서 과학적 세계관은 유물론적이다. 과학의 관점에서 볼 때 직접 혹은 간접적으로 경험과 실험 대상이 될 수 있는 실증적 현상만이 존재한다고 할 수 있고 인식의 대상이 된다.

셋째, 과학적 지식의 가장 중요한 특징은 그것이 주관적 직관에 근거한 것이 아니고 궁극적으로는 이성에 따른 실증과 논리에 비추어 누구나 객관적으로 검증할 수 있으며, 가능하면 수학적 언어로 명료하게 기술되어야 한다는 데 있으며, 과학적 지식은 대상에 대한 감각적이고 주관적인 경험의 보고가 아니라 어떤 현상을 어떤 법칙에 따라 논리적으로 설명하는 이론적 지식이다. 최근의 천문학에 의하면 우주는 147억 년 전 대폭발 3분 후에 생긴 수소와 헬륨이라는 두 종류의 소재로 분석할 수 있는 12종의 미세한 소립자로 되어 있다.

넷째, 과학은 양자역학이 취급하는 아주 미세한 물질의 차원에서 일어나는 현상을 제외하고 모든 물질적 현상이 인과법칙에 따라 기계적으로 작동한다는 가설을 객관적 현실로 전제하고 취급한다. 자연, 인간 그리고 무한히 다양하고 놀라운 지적 및 기술적 활동과 그 밖의 우주 삼라만상의 현상들은 무한히 다양한 부속품들로 무한히 복잡한 설계에 따라 설치된, 일종의 방대한 기계이며, 그 자체로서는 아무 목적이나 의미나 가치도 없는 단 하나의 '우주'라는 거창하고도 정교한 기계 장치로서 돌아간다. 만약 그러한 기계 전체나 아니면 그것의 어떤 미세한 부분이나 기능에 어떤 의미나 가치가 있다면, 우주 전체나 그것의 미세한 부분의 내재적 속성으로서 객관적으로 존재하는 것이 아니라 인간이 그것에 부여한 평가 즉 가치에 지나지 않는다.

'가치'는 어떤 존재의 객관적 속성으로서 발견의 대상이 될 수 있는 '것', 즉 인식 대상이 아니다. 그것은 어떤 대상이나 현상에 대한 인간의 평가, 즉 인간 자신의 기호와 소신에 따라 어떤 대상이나 현상에 부여한 모습 즉 양태에 지나지 않는다. 그러므로 가치는 우주의 어떤 속성으로서 객관적 '존재'로서 발견, 인식의 대상이 될 수 있는 것이 결코 아니다. 그것은 어떤 대상에 대한 인간의 주관적일 수밖에 없는 태도·느낌·평가를 지칭하며, 따라서 그 인간의 기호嗜好의 표현에 지나지 않는다.

'가치'라는 이름을 붙을 수 있는 어떠한 것도 존재하지 않는다. 가치는 자연·우주 현상 혹은 사실의 객관적 속성이 아니라 자연·우주 현상에 대한 인간의 주관적 태도에 지나지 않는다. 오늘날까지 사물thing·사건fact과 가치value를 혼동해서 가치의 객관성을 주장하는 철학자들이 많이 남아 있어서 철학적 사유에 혼동이 계속되고 있지만, 사물·사건의 서술과 그것들에 관한 가치 평가는 논리적으로 전혀 다른 차원에 있다.

이런 점에서 '가치의 객관성'이라는 개념은 논리적으로 무의미한 헛말에 지나지 않는다. 가치는 진/위를 따질 수 있는 대상이 될 수 없다. 사람들은 경제적·실용적·지적·미학적·도덕적·정치적·사회적·인간적 등 수많은 종류의 가치 평가를 놓고 그것의 시/비 또는 진/위를 따진다. 그러나 어떠한 가치이든, 그리고 어떤 경우에도 그것의 진/위 평가는 논리적 차원에서 원천적으로 불가능하다.

다섯째, 그렇다면 우주와 자연, 인간 사회는 무섭게 삭막한 폐허로 볼 수밖에 없다. 오늘의 기술문명을 창조한 그 많은 천재적 엔지니어보다도 더 정교한 기능을 발휘하는 로봇들로 가득 차 있더라도 인간의 삶은 진짜 삶이 아니며, 동물 사회·자연 현상·우주는 한없이 황량하기만 한 가상 세계라는 말인가? 그것은 무의미로 가득 찬 잡음의 시간과 공간이란 말인가?

과학적 세계관 즉 자연·우주, 그 안에 사는 인간과 모든 생명체, 그 이외의 모든 현상들에 대한 과학적 그림 즉 지식과 설명에는 그것이 객관성이 있는 인간의 개입과 독립해 있는 객관적 사실의 재현이라는 인식이 깔려 있다. 이러한 인식은 과학자 자신들만이 아니라 오늘날 모든 대중들의 의식 속에도 거의 예외 없이 막연하게나마 깔려 있다.

그러나 사물 현상에 관한 그림으로서의 인식은 어떤 대상이 거울로서의 의식 속에 반사된 복사물이 아니다. 그것은 인식 주체로서의 의식이 편의와 유용성의 경제적인 관점에서 볼 때, 복잡하고 다양한 주어진 주변 조건들에 적절히 맞게 재구성한 관념적·개념적·언어적 구조물에 지나지 않는다.

인식은 발견이 아니라 인간의 작품이며, 모든 '진리'는 인간의 의식과 독립해서 존재하는 자연적 일부 장치가 아니라, 우리 인간들이 필요에 따라 주어진 자연적 또는 사회적·역사적 여건들의 여러 가능성 가운데에 그때그때 어떤 행동을 취함에 있어서 가장 효율성 있는 것으로 예측되는 방식에 따라 합리적으로 선택한 일종의 가치 즉 '슬로건'으로서의 진리다. 과학적 그림 자체가 곧 우주·자연·객관적 진리는 결코 아니다. 우주·자연은 만 가지 방식으로 그려질 수 있으며, 과학적 세계관은 유일한 그림이 아니라 만 가지 가능한 그림 가운데 하나의 그림에 불과하다.

여섯째, 철학적으로 소박한 과학자 대부분이 오만하게 믿고 있거나 일반 대중들이 어리석게 확신하고 있는 것과는 전혀 달리, 과학적 세계관은 유일한 우주의 그림이 아니다. 인문사회학적 인식은 주관적이고 자연과학적 인식은 객관적이라는 널리 퍼진 생각과, 그에 따라서 가능하면 인문학도 과학으로 변신해서 인문사회과학이 자연과학에 흡수되어야 한다는 널리 퍼진 주장 또한 전혀 잘못된 생각이다. 물리학도 그것이 인간의 자연 현상에 관한 인식 양식인 만큼 더 이상 근본적으로 주관적 활동의 산물이라는 자명한 사실을 간과해서는 안 된다. 이런 시각에서 볼 때 과학과 인문학의 관계에 관해서 과학자나 인문학자들이 갖고 있는 아주 잘못된 편견과 오해는 불식되어야 한다.

자연과학과 인문학의 관계에 대해 널리 퍼져 있는 잘못된 인식은, 최근 급속도로 발전하는 물리학 특히 과학기술에 비추어 볼 때, 자연과학이 인문학을 완전히 침식하고, 전통적으로 학문의 중심에 있던 인문학을 주변으로 밀어내어 그것을 과학으로 대체할 것이라는 인식이다.

그러나 이러한 인식은 두 학문의 관계에 대한 피상적인 이해에 근거한다. 사실 자연과학은 넓고 근본적인 차원에서 볼 때 인문학의 일부라는 인식을 해야 한다. 인문학적 세계관이 끊임없이 새로운 과학적 발견을 참고해야 하고 그러기 위해서 과학자들과 소통해야 한다면, 그와 못지않게 그리고 그보다 더 중요한 것은 과학자들이 철학적 사유나 종교적 명상, 그리고 시적 감수성의 세계를 이해하고 인문학자들과 소통해야 하는 것이다.

여기서 우리는 "과학을 예술의 렌즈로, 예술을 인생의 렌즈로 보라"는 니체의 명제에서 그의 혜안을 알아봐야 한다. 우리가 보고 알고 객관적으로 인정하는 세계는 플라톤이 말하는 우리들의 인식과 별도로 존재하는 '세계-이데아'가 아니라, 우리들이 우리들의 필요에 따라 인간으로서 생물학적으로나 문화적으로 공유하는 인식 양식에 따라, 즉 주관에 따라 주체적으로 제작한 관념적·언어적·개념적 그림일 뿐이지 형이상학적 실재 그 자체는 결코 아니기 때문이다.

이러한 사실은 종교적·철학적 등 즉 인문학적인 대표적 세계관과 사유에만 해당되는 것이 아니라 객관성을 강조하는 과학적 세계관과 사유에도 똑같이 해당된다. 과학의 눈으로만 인문학을 볼 것이 아니라 인문학적 눈으로 과학을 보아야 하고, 인문학과 인문학적 세계관 즉 우주관은 삶이라는 관점에서 그 내용이 이해되고 그 가치가 평가되어야 한다.

우주 안의 삼라만상 모든 것은 의미론적 차원에서는 서로 단절되고 서로 다른 무한수의 독립된 것들로 차별화된다. 하지만 존재론적 차원에서 보면 그 모든 것들은 하나같이 양파 뿌리처럼 혹은 원시림 정글의 나뭇가지와 뿌리들처럼 혹은 다양한 산새들이 다양한 방식으로 트는 둥지를 구성하는 수많은 작은 나뭇가지들처럼 혹은 수없이 많은 풀잎이나 새털이나 진흙 뭉치들처럼 서로 한없이 다양한 방식으로 한없이 복잡하다. 인과적으로 조화롭게 연결된 단 하나의 거대한 자연의 예술적 창조물로서의 우주라는 고유한 세계로서의 작품이기 때문이다.

'존재-의미 매트릭스'의 철학적 관점에서 볼 때 우주는 하나의 마음과 몸의 따듯한 거처로서의 둥지이다.

IV.

둥지철학의 세계관과 가치관

1. 둥지철학의 세계관

　　　　　　　　　나는 수만 가지 신화들, 많은 종교
들, 지난 2,500년 동안 지구 각 지역에서 계속적으로 변화와
혁명을 거듭해 왔던 이른바 철학 혹은 문학을 해왔던 역사는
원천적으로 불편스럽고 거북하고 무의미한 삶의 정신적인 동
시에 생물학적인 관념적 둥지로서의 세계관을 무의식적 차원
에서 확보하고자 했던 욕망의 역사가 아니었던가 생각한다.

　만약 '철학' 개념을 여러 가지로 규정할 수 있고, 그중 대표
적으로 가장 합리적이고 따라서 바람직한 세계관이 있다면 그
것은 철학적 세계관일 것이며, 세계관의 변동의 역사는 곧 철
학사의 변동의 역사와 대동소이할 것이다. 그리고 세계관사가
인간과 그 인식 대상으로서의 우주·자연 간의 기본적 구조를

지칭하는 '존재-의미 매트릭스'라는 개념에 비추어 일관되게 이해되고 평가된다면 지금까지의 어느 철학사보다도 가장 일관되고 그만큼 명료한 철학사가 가능할 것이다.

데리다의 해체철학의 핵심이 객관적으로 존재하는 우주 전체의 시원, 구조, 작동 원리 및 그 의미에 관한 탐구와 인생의 방식과 의미에 관한 기존의 모든 주장들의 궁극적 불확실성·애매성 즉 궁극적 미결정성과 불완전성을 밝혀냈다는 데 있다면, 그것은 누구나 그리고 어디서나 공감할 수 있는 결정적으로 옳은 세계관이 영원히 존재할 수 없음을 시사한다.

그러나 이러한 사실이 데리다의 위와 같은 철학적 해체가 보다 바람직한 철학적 세계관이 불가능하다거나 아니면 완전한 우주 인식과 서술이 불가능한 세계관 구축으로서의 철학이 애초부터 허망한 시도이며, 따라서 무의미하다는 결론으로 이어지는 것은 결코 아니다. 한 개인이 자신의 인생의 철학적 의미를 분명히 알고 사는 것이 바람직한 것임에도 불구하고, 내 추측에 의하면 그렇게 자신의 인생의 의미를 자신 있게 알고 있는 사람은 전무하다.

하지만 인간이라는 생명체는 생물학적으로 살아남으려고 몸부림치는 동물이며, 인간은 자신이 놓여 있는 외부의 객관적 환경과 자신의 내부적 정체를 잘 알면 알수록 생존에 유리하다. 만약 세계관을 한 인간이 자신의 외부적 및 내부적 환경에 대해서 갖고 있는 인식 양식으로 이해할 수 있다면, 인간은 막연하게나마 자기 나름대로의 세계관을 갖고 있으며 언제나 그 틀에 맞추어 행동하고자 한다.

그러나 어느 누구도 영원불변한 세계관을 가질 수는 없다. 왜냐하면 현대 물리학이나 천문학, 의학이나 심리학이 밝혀 주고 있는 바와 같이 모든 차원에서 물리적이면서 동시에 정신적인 우주는 끊임없이 요동치는 변화의 소용돌이 바로 그 자체이기 때문이다. 사람에 따라 혹은 시대에 따라 세계관이 다르고, 세계관의 구조는 마치 야생 새들의 둥지처럼 복잡하며, 인간이 그만큼 섬세하고 유동적이며 아름다운 구조를 가졌다는 것은 우연이 아니다.

이런 상황에서 이러한 객관적 변화와 다양성에 무감각하고 영원부동한 자기 자신 혹은 자기 시대나 문화의 세계관만을 고집하는 사람이 있다면, 그 사람이야말로 외부 현실과 자기 자신의 정체성에 관해서 무지몽매한 사람이다. 이러한 사실은 우리 각자가 자신이 몸담아 살고 있는 세계관과 세계를 언제나 개방적이고 자기비판적인 태도로 재검토하고 창조적으로 리모

델링해야 함을 함축한다. 그리고 그 작업은 모든 작업 즉 실천적 행위가 그러하듯이 궁극적으로 개인적·사회적·국가적 그리고 문명사적 모든 차원에서 지혜로운 가치 선택을 전제한다.

그러므로 세계관인 동시에 철학관인 '둥지의 철학', 즉 우리가 보거나 알고 있는 세계는 처음부터 그냥 그대로 인간의 인식 활동에 의한 주관적 개입 이전부터 인간에게 주어진 것이 아니라 인간이 인위적으로 만든 관념적 세계, 즉 세계관에 불과하다. 그러나 한 인간의 세계관 즉 세계의 인식 양식은, 적어도 그 사람에게는, 그 자체가 곧 객관적 세계 자체라는 언뜻 보아 논리적으로 성립할 수 없는 주장이 나올 수 있다. 왜냐하면 한편으로는 아무도 어떤 세계관과 존재론적으로 독립된 자연적 세계, 즉 누군가에 의해서도 인식되지 않은 '세계'를 논리적으로 상상할 수 없고, 다른 한편으로는 어떤 인간에 의해서 이러저러한 세계가 이미 전제되지 않은 상태에서 그 인간의 그 세계에 대한 '관' 즉 '세계관'을 언급한다는 것은 무의미하기 때문이다.

이런 차원에서 볼 때 한 개인 혹은 한 사회 혹은 한 시대의 세계관은 그 개인, 그 사회, 그 시대의 세계 현상 자체와 실제로는 완전히 따로 분리되지 않는다. 세계관과 세계나 세계와 세계관은 구체적 상황에서 명백하게 분리되지 않는다.

우리 시야에 펼쳐져 있는 자연적 및 문화적 세계는 무한히 다양한 방식에 의해서 다양한 형태로 만들어질 수 있음과, 우리가 현재 알고 믿고 갖고 그리고 그 속에 살고 있는 세계를 우리가 지은 '둥지'라고 한다면, 그것은 무한히 다양한 종류의 가능한 세계 중 하나에 불과함을 의미한다. 과거에 우리는 현재와는 다른 세계를 만들고 다른 둥지를 틀었을 것이며, 우리의 결단과 선택 그리고 의지에 따라 꾸며진 세계가 후에 보니 우리 마음에 더 들 수도 있고 혹은 덜 가치가 있다는 평가가 내려질 수 있다.

모든 인간, 모든 사회, 모든 문명은 나름대로 각자 자신의 둥지를 틀고 세계를 제작해야 하지만, 이 시점에서 가장 중요한 것은 가치 선택을 해야 하는 것이며, 그 선택은 어떤 기준을 전제한다. 그러나 문제는 과연 그러한 기준이 실제로 존재하는가, 존재한다면 과연 그것은 어디에서 찾을 수 있는가에 있다.

그런 기준이 존재한다는 사례로서 고대 그리스의 철학자 프로타고라스가 말한 "인간은 만물의 척도이다"라는 명제에서, 그 후 아리스토텔레스와 칸트가 주장한 각각 9개와 12개의 시대와 장소를 초월해서 생물학적으로 고정된 인류 고유의 보편적인 선험적 인식 판단의 범주들에서, 또한 시대와 장소를 가리지 않고 모든 인류가 무엇인가를 사유할 때면 배우지 않아도 선천적으로 터득하고 있는 영원불변의 논리적 기본 법칙의 존재에서 찾을 수 있다.

그러나 인식의 행위와 그것의 진/위를 결정하는 판단에 전제된 인식의 규범은 바로 앞에서 몇 가지 사례를 들어 본 것과 같이 영원히 불변하고 인류에 보편적인 것들이 있는가 하면, 시대·사회·문화·장소 그리고 예술·종교·철학·윤리학 등의 학문적 다양한 영역에서의 미/추·선/악·진/위의 인식 양식과 가치 판단의 규범은 고정되지 않고 때와 장소, 사회와 문화에 따라 천차만별이고, 고정되지 않고 항상 유동적이며, 보편적이 아니라 상대적이다.

1961년 이전까지 한 예술 작품의 의미 해석과 가치 평가의 보편적 근거의 유/무, 종교적 신념의 객관성의 유/무, 철학적 명제의 타당성/비타당성, 도덕적 선/악 판단의 합리성/비합리성에 대한 불확실성에 관해서는 항상 회의적이었던 이들도 과학자의 과학적 명제에 대해서만은 그것의 객관성과 보편성을 자명한 진리로서 적어도 암묵적으로 인정하고 있었다고 해도 과언이 아니다. 과학자들은 특히 그러했다.

그러나 1961년 하버드 대학 철학과와 물리학과에서 과학사와 과학철학에 관한 학위 논문을 준비 중이었던 젊은 물리학자이자 과학철학자였던 토머스 쿤이 『과학혁명의 구조The Structure of Scientific Revolution』라는 책을 출판함으로써 과학적 진리의 객관성에 관한 기존의 인식은 180도로 바뀌어 과학적 진리에의 위상에 대한 기존의 신념, 철학적 인식론 그리고 모든 학문과 모든 세계관을 인식하는 데 있어서 돌이킬 수 없는 획기적인 혁명을 이룬 것이다.

그 혁명은 인문사회학과 자연과학 간에 방법론적으로나 결과적으로 절대적 단절이 있다는 인식, 후자의 진리가 객관적인데 반해서 전자의 진리는 주관적이라는 인식을 완전히 뒤집고, 후자가 전자의 한 양태라는 사실, 즉 학문으로서 과학도 아주넓은 의미에서 인문학의 양태로 봐야 한다는 주장과 궁극적으로 모든 인식과 지식은 인간의 의식 즉 주관의 창조적 산물임을 함축한다는 데 있다. 인문학과 자연과학의 차이는 질적이 아니라 주관성 개입의 정도의 차이에 있을 뿐이라는 것이다.

쿤의 위와 같은 과학철학은 그의 이론을 구성하는 개념들의 핵심이며, 그의 저서에서 나온 과학 이론뿐 아니라 철학적 인식론, 그리고 학문만이 아니라 언론계를 둘러싼 모든 담론에서 한약 봉지의 감초처럼 튀어나오는 한 개념이 아주 널리 유통되고 있는데, 그 낱말은 다름 아닌 언어학에서 낱말들 간의 통시적通時的 관계를 지칭하는 계사syntagm, 繫辭와 대립해서 그것들 간의 공시적共時的 관계를 지칭하는 전문적 학술어인 통사統辭 즉 '패러다임paradigm'이라는 낱말이다. 쿤은 자신의 책에서 언어학의 전문어인 이 낱말을 확장한 의미로 변용해서 어떤 한 시대나 집단의 견해나 사고의 이론적 틀, 바탕이라는 뜻으로, 그리고 모든 과학을 비롯한 학문 분야의 특정한 이론적 법칙, 공유된 신념이나 가치관의 방식의 뜻으로 사용하고 있다.

쿤에 의하면 모든 인식·이론·학문·사유·가치관들은 각각 그것들 밑에 깔려 있는 패러다임 즉 사유의 틀, 일종의 규범이라는 틀 즉 구조를 전제하며, 그것에 의존적이며, 보편적이 아니라 상대적이며, 따라서 객관적이 아니라 근본적인 차원에서 주관적이라는 것이다.

쿤의 주장은 혁명적이고 충격적이다. 이러한 주장은 인문학자들만이 아니라 과학자 자신들의 인문학이나 사회학적 인식은 몰라도 적어도 자연과학적 지식과 진리는 보편적이고 객관적인 시대나 장소, 특정한 분야를 초월·해소하고 있다는 전통적 신념과 정면으로 충돌한다. 이러한 사실은 콰인이나 굿맨, 파이어아벤트Paul Feyerabend와 로티Richard Rorty가 주장해 왔듯이, 과학적 세계관과 시적 세계관, 자연과학과 인문학 간의 학제적 구별을 비롯한 모든 대학에서 학과들 간의 학제적 구별 은 형이상학적인 존재론적 구별에 근거한 것이 아니라 행정적 편의라는 실용적 이유에서 잠정적으로 정한 제도인 것이다.

이러한 사실은 삼라만상은 의미론적 즉 개념적으로는 무한 수의 서로 다른 것들로 분절되어 있으나, 존재론적으로는 단 하나의 전체로 우주의 모든 것들은 서로 연결되어 하나의 '둥 지'를 형성하고 있다는 '둥지철학'의 세계관을 재확인해 준다.

2. 둥지철학의 도덕적 가치관

우리가 살고 있는 우주를 우리가 지은 하나의 '둥지'로 파악하여 철학적 세계관을 구성했다고 하더라도 철학은 그것으로 끝나지 않는다. 인간은 자신이 놓여 있는 우주를 지적으로 인식하는 사념적 동물이기도 하지만, 그와 동시에 항상 무엇인가의 목표를 세워서 가치를 창출하는 실천적 동물이다.

인간의 존재 양식은 사르트르가 말하는 두 가지 존재, 즉 인식 대상으로서의 존재인 '즉자' 즉 정태적 존재와는 달리 주체로서의 존재인 '대자', 다시 말해서 사물 현상으로서 그냥 '있음'으로서의 정태적 존재être와는 달리 '실존' 즉 자기소외로서의 자율적 행위적 존재existence에 속하며, '실존적'으로 존재함으로써 그의 삶은 그냥 '있음' 존재이 아니라 '자율적 행동' 그 자체로서 존재하는 유일한 동물이다.

그러나 자유로운 존재는 괴롭다. 자유는 선택을 함축하고 선택은 그 결과에 대한 책임을 함축한다. 이런 점에서 인간으로서 산다는 것은 그 자체가 불안이며 곧 고통이다. 바로 이런 점에서 "인간은 자유를 선고받았다"라는 사르트르의 명제는 진리이다.

인간은 근원적으로 자유로부터 완전히 해방될 수 없는 동물이고, 그가 자유로운 동물인 한 그의 행동은 단순한 사건이 아니라 선택이 된다. 그의 선택은 필연적으로 선/악·미/추·옳고/그름·의미/무의미·이상적/속물적 등의 정신적 가치 차원에서 평가되는 만큼 넓은 뜻에서 도덕적moral이다. 가치의 관점을 떠난 인간의 삶은 생각할 수 없으며, 도덕적 가치 선택과 평가의 관점에서 자유로울 수 있는 인간의 의식적인 행위는 존재하지 않는다.

그렇다면 여기서 먼저 물어야 할 것은a) 도대체 '가치'라는 낱말과, b) '도덕'이라는 각각의 낱말은 구체적으로 무엇을 뜻하며, c) 도덕적 가치 평가에 전제된 평가 '잣대'의 실체가 구체적으로 무엇이냐라는 질문이다.

1) 가치의 개념과 그 존재론

피카소의 그림 〈게르니카〉, 엘리자베스 테일러의 '다이아몬드 반지', 뉴욕의 '엠파이어스테이트 빌딩', 한 백화점의 명품 진열장에 있는 '샤넬 향수', 남대문 시장의 과일가게에서 파는 '딸기 한 상자', 일산시 주엽동의 이발소의 '이발료'의 값으로 매겨지는 그것들의 상품적 가치는 각각 얼마로 매겨져 있다.

돈의 가치, 수만 가지의 자연적 혹은 인공적 물질들의 가치를 말하고, 사랑·자비심·친절·자유·평등·정의·예절·지능·건강 등 수만 가지의 사물·인간·심성·직위 등의 도덕적 또는 의학적 가치를 말하거나 아니면 그런 것들에 가치라는 꼬리표를 붙이고, 그런 가치 즉 값이 마치 위와 같은 여러 자연적 혹은 문화적 물건들이나 아니면 그러한 것들이 갖고 있는 속성이 마치 객관적으로 존재하는 것처럼 말하고 취급한다.

가치를 인간의 생각·판단·감정·기호·욕망 등의 주관성과 독립했다는 뜻으로서의 객관성을 갖고 있는 물질도 정신도 아닌 특별한 종류의 존재인 것처럼 취급하거나 인식하는 경우가 많다. 이러한 사실은 일반 대중에게만 한정된 것이 아니라 철학자들 가운데도 옛날이나 지금이나 적지 않게 발견된다.

대표적인 예로서 19세기 말의 독일 철학가 막스 셸러Max Scheler와 훨씬 가까이에서는 힐러리 퍼트넘Hilary Putnam, 토머스 네이글Thomas Nagel을 거명할 수 있다. 이들에 의하면 인간의 주관적 기호와 독립해서 자연 혹은 우주는 객관적인 모습으로 존재한다는 것이다. 이러한 주장의 가장 강력한 근거는 많은 경우 어떤 대상에 대한 가치 판단이 개인적·사회적·지역적·문화적으로 가변적이 아니라 시대와 장소를 초월해서 보편적이라는 사실에서 찾을 수 있다는 것이다.

그러나 '가치'는 인간의 욕망·기호·감성과 독립해서 우주의 일부로서 객관적으로 존재하는 것이 아니라, 인간이 객관적으로 존재하는 우주의 일부로서의 대상이나 현상에 대한 인간의 감성적 태도와 반응에 지나지 않는다. 진/위·선/악·미/추·좋음/나쁨 등의 가치는 우주의 일부 장치인 것이 아니고, 자연적 및 문화적 사물 현상들에 대한 인간의 반응·감성·태도·욕망의 표현에 지나지 않는 우주의 재현이 아니며, 한 인간 혹은 한 사회 혹은 한 시대의 가치관이 보여주는 것은 그 인간, 그 사회, 그 시대의 객관적 대상으로서의 사실이나 사건이 아니라, 그 개인, 그 사회, 그 시대의 주관적 기호·기질·감수성·욕망·꿈·이상 등 즉 인간적 기질, 그림자일 뿐이다.

'가치'는 어떤 사물이나 사건이나 현상에 대해서 한 인간, 한 사회, 한 시대가 외치는 일종의 긍정적 구호이거나 슬로건 혹은 기도문祈禱文이다. '가치'는 객관적인 우주의 한 부분으로서 인식 대상으로서 객관적으로 존재하는 것이 아니라 무엇인가에 대한 인간의 주관적인 느낌, 개인적·주관적 감정, 기호嗜好 즉 사르트르의 표현을 빌리자면, '인간의 분비물' 즉 인간이 무엇인가에 부여한 주관적 표현에 지나지 않는다. 비록 단 하나의 예외도 없이 모든 인류가 언제 어디서나 똑같은 것에 똑같은 가치를 부여한다 하더라도 가치가 우주의 개관적 속성이 아니라 인간의 주관적 반응이라는 사실은 전혀 달라지지 않는다.

세상의 어떤 물건, 현상, 사건, 사태, 인간 행위의 가치의 크고/작음은 물론 그 존재까지도 우리 인간들의 심성에 의해서 생겨나고 결정됨을 의미한다. 우리가 우리들과 독립해서 객관적으로 따로 이미 존재하는 가치를 발견하고 소극적이고 종속적으로 그것에 근거해서 진/위·선/악·미/추 등의 개념으로 서술하고 평가하는 것이 아니다. 그러한 가치들은 인간이라는 주체적이고 감성적인 여러 가지 욕망에 찬 동물이 이미 존재하는 사물, 사건, 사태, 인간의 행위들에 적극적인 주관적 반응을 통한 평가의 관점에서 인지적·도덕적·미학적·경제적 등의 등

급을 매기고 개입함으로써 창조되는 것이다.

2) 가치 선택의 잣대

지적으로 성숙한 순간부터 인간은 항상 여러 가능한 행위 중에서 한 가지 행동을 선택해야 하는데, 그것은 필연적으로 지적·도덕적·미학적·경제적 등 여러 가지 차원에서의 선택이다.

그러나 모든 종류의 가치 판단은 모든 사람에게 동일하게 중요하고 절실한 것도 아니며, 피할 수 없는 것도 아니다. 하지만 '인간다운 삶'을 원하는 한, 누구도 도덕적 가치 판단을 피하거나 그런 판단에 무관심할 수 없다. 왜냐하면 인간으로 존재하는 것은 도덕적으로 존재한다는 것이며, 도덕적으로 존재한다는 것은 선/악의 잣대에 비추어 보지 않고는 살아갈 수 없음을 의미하며, 선/악의 관점이라는 것은 '나' 개인의 행동이 다른 사람들의 고통과 기쁨의 관점에 미치는 인과적 영향의 관점임과 또한 나 자신의 한 사람의 인간다운 삶의 관점에서 본 품위, 즉 '인생의 의미'의 유/무나 크고/적음을 결정하는 궁극적 관점이기 때문이다.

이러한 사실은 '인식의 궁극적 의미' 즉 '가치'가 무엇이든지 도덕적 가치를 전혀 발견할 수 없는 한 인간의 삶은 그가 다른 점에서 어떤 가치를 갖던지 '의미 있는' 삶일 수 없기 때문이다.

그렇다면 '도덕적으로 가치 있는' 삶보다 더 중요한 인간의 삶은 없으며, 아무에게도 도덕적으로 올바른 가치 판단보다 더 중요한 것은 없고, 도덕적 가치 판단이 그렇게 중요하다면, "그것을 위한 선/악·옳고/그름이란 도덕적 가치를 측정하고 판단하는 보편적 기준·잣대·규범이 과연 존재하는가?"라는 물음이 나온다. "물론 그렇다"라는 아주 자명하고 간단한 대답이 나올 것이다. 어느 사회이고 인간 행동의 옳고/그름이나 인간 품성의 선/악의 가치를 인식하는 틀과 잣대로서의 윤리 규범이 있다.

그것은 근대 이전까지는 오랜 집단의 종교적 및 사회적 경험의 차원에서 형성된 문화의 산물로서 사회와 시대에 따라 서로 특수한 그러나 개인의 입장을 초월한 '전통적 윤리 규범'이었고, 근대 이후에는 서로 갈등하는 다양한 종교적 신념들이나 사회적 관습의 특수성이나 시대적 경계를 초월해서 이성이라는 인간의 보편적 합리적 기능에만 비추어 이상적으로 언제 어디서나 인류 모두에게 보편적으로 적용될 수 있는 이론적 즉 합리적으로 도출되고 설득될 수 있다고 자처하는 '근대적 윤리 규범'이 주장되어 왔다.

한편으로는 행위의 좋거나 나쁜 결과에 비추어서만 선/악의 도덕적 가치 판단이 가능하다는 벤담Jeremy Bentham의 '공리주의 윤리학', 다른 한편으로는 행위의 결과와는 상관없이 행위의 합리적 일관성에 비추어서만 도덕적 가치는 결정되어야 한다는 칸트의 '의무주의 윤리학'이라는 두 가지 상반되는 윤리적 규범이 존재한다. 일상생활에서 우리의 도덕적 가치 판단은 대부분의 경우 거의 자동적으로 사회를 지배하는 이른바 '전통적 윤리 규범'을 따르며, 전통적 윤리 규범들 간에 갈등을 의식할 때, 합리성 즉 보편성을 자처하는 '근대적 윤리 규범'에서 해결책으로 찾으려 한다.

그러나 바로 앞에서 지적했듯이 서로 양립할 수 없는 '근원적 도덕성의 가치'의 본질에 관한 입장에 근거하고 있어서, 우리의 도덕적 가치 판단은 아직도 보편적인 객관성을 주장할 수 없다. 즉 근원적으로 도덕적 가치 판단의 보편적 기준, 즉 '도덕성'의 본질이 불분명하다는 것이다. 이런 의미에서 우리의 삶은 도덕적 미아迷兒이다. 도덕적 가치를 떠난 인간다운 삶,

인생의 의미가 배제된 도덕적 가치 판단이 절실하고, 그런 판단을 위해서 우선적으로 도덕적 가치 판단 기준을 필요로 하지만 우리는 아직도 그것을 찾지 못하고 있다.

그런 기준을 찾자면 우선 도덕성morality의 본질의 해명이 요구된다. '도덕'이라는 낱말이 '윤리ethics'라는 낱말과 자주 동의어로 사용되어 헷갈리게 사용되지만 중요한 점에서 그 의미의 뉘앙스가 각각 다르기 때문이다.

두 개념이 다 같이 선/악, 옳고/그름에 관한 가치 평가의 규범 즉 잣대이지만, '윤리'라는 개념이 이미 암묵적이지만 사회적으로 약속되었거나 외부에서 강요된 집단적 행동 규범인 데 반해서, '도덕'이라는 개념은 사회의 집단적 신념과 별도로 그것과 독립된 자유로운 개인의 마음에서부터 솟아난 선/악·옳고/그름에 관한 실존적 행동의 가치 규범에 관한 신념이다.

한 사회 집단이나 개인에 있어서 윤리적 가치 규범과 도덕적 가치 규범이 일치해서 한 개인과 사회 사이에 사회적 조화와 개인적 차원에서는 마음의 평화가 있을 수도 있지만, 많은 경우 그 둘 사이에 괴리乖離와 갈등이 생긴다.

이와 같은 윤리와 도덕 간의 관계는 베르그송이 말하는 '닫힌 윤리'와 '열린 윤리' 간의 갈등관계에 비교해서 설명할 수 있다. 전자가 경직된 죽은 도덕이라면 후자는 창조적으로 살아 있는 윤리이다. 베르그송에 의하면 살아 있어 열린 윤리에 의해서 닫힌 윤리는 개혁되고 진화한다는 것이다. 그의 분석에 의하면 대중의 닫힌 도덕은 붓다나 예수와 같은 반항적 개인의 도덕에 의해서 개화하고 발전한다는 것이고, 그것은 나의 개념적 분석을 따르자면 도덕적 의식morality에 의해서 윤리적 의식ethics은 부단히 환골탈태換骨奪胎하여 새롭게 거듭나는 가치로 변신하는 것으로 볼 수 있다.

그러나 윤리·도덕의 가치 판단과 선택의 철학적 문제와 그것이 동반하는 철학적 고민은 여기서 끝나지 않는다. 무슨 근거로 그리고 어떻게 윤리적 가치와 다른 도덕적 가치를 인식할 수 있는가?

그 근거가 단순히 대중적인 기존의 가치관과 대척적인 소수의, 아니 오로지 나 자신 개인만의 확고한 가치관이라는 사실만으로 충분한 근거가 되는가?

소포클레스의 희곡 『안티고네Antigone』에서, 테베의 왕으로서 국가 전체의 질서 유지와 번영이라는 입장에서 조카딸 안티고네의 행동을 처벌하려는 크레옹과, 국가가 망해도 자신의 종교적이자 실존적 신념을 버릴 수 없다는 안티고네의 도덕관들

중 어느 것이 도덕적으로 옳은가?

이에 대한 확실하고 보편적인 대답이 없다. 왜냐하면 둘 중 어떤 선택도 도덕적 딜레마에서 해방될 수 없기 때문이다. 어떤 결단을 내려도 '왜 그러한가?'라는 근거의 문제가 끝나지 않기 때문이다. 도덕적 가치의 양자택일을 논리적으로 풀 수 있는 도덕적 가치 선택의 기준이 존재하지 않기 때문이다.

인간의 삶은 그의 행위들의 총체에 지나지 않으며, 모든 행위의 가치는 궁극적으로 도덕적 관점에서만 평가되고, 모든 평가는 평가 규준을 전제한다. 문제는 가치 평가의 궁극적 기준이 없다는 데 있다.

그렇다면 이러한 철학의 막다른 골목에서 우리가 취할 태도는 무엇인가? 각자 자신의 행동에 진지한 태도로 언제나 책임을 지고 사는 것이 아닐까? 나의 세계가 궁극적으로 내가 튼 둥지에 지나지 않듯이 나의 삶의 가치, 즉 의미는 나의 삶에 대해 내가 나 자신의 자유로운 주체적 주인으로서 진지한 책임을 지고 사는 데 있지 않을까? 그것이 구체적으로 무엇인지는 알 수 없더라도, 무엇인가 보다 높고 고귀한 의미를 찾기 위해서 끊임없이 매진하는 삶에 있지 않을까?

찾아보기